大学生就业与创新创业研究

杨清波　著

吉林出版集团股份有限公司

图书在版编目（CIP）数据

大学生就业与创新创业研究 / 杨清波著. -- 长春：吉林出版集团股份有限公司，2018.11
ISBN 978-7-5581-6092-9

Ⅰ. ①大… Ⅱ. ①杨… Ⅲ. ①大学生－职业选择 Ⅳ. ①G647.38

中国版本图书馆CIP数据核字(2018)第285797号

书　　名	：大学生就业与创新创业研究
作　　者	/杨清波　著
责任编辑	/刘木熙
责任校对	/朱进
封面设计	/书海之舟
开　　本	/787mm×1092mm　1/16
字　　数	/250千字
印　　张	/10.75
版　　次	/2018年11月第 1 版
印　　次	/2021年 1月第 2 次印刷

出　版/吉林出版集团股份有限公司（长春市人民大街4646号）
发　行/吉林音像出版社有限责任公司
地　址/长春市绿园区泰来街1825号
电　话/0431-86012903
印　刷/长春市博美图文印业有限公司

ISBN 978-7-5581-6092-9　　　　　　　　　定　价：54.00元

前 言
PREFACE

伴随大众创业,万众创新的潮流兴起,大学生就业和创业成为社会关注的热点问题。当前就业形势日趋严峻,大学毕业生一方面因缺乏职业生涯规划、就业观念陈旧、不懂求职技巧而致就业更加艰难,另一方面又因对创业环境、政策了解不够和对创业资源等准备不足而致创业实践屡遭挫折。这就需要高等学校强化对大学生的就业创业教育,提升大学生就业创业能力。

创新创业教育是高等学校教育教学的重要组成部分。创新创业意识和能力是当代大学生应具备的基本素质。创新创业教育应贯穿于学院教育教学全过程,不仅要有专门的课程教学,还要渗透到所有专业课程教学、校园文化活动等实践教学当中,需要各部门的共同参与。

国务院办公厅关于深化高等学校创新创业教育改革的实施意见(国办发[2015]36号)文件精神指出:"深化高等学校创新创业教育改革的总体目标是,2015年起全面深化高校创新创业教育改革。2017年取得重要进展,形成科学先进、广泛认同、具有中国特色的创新创业教育理念,形成一批可复制可推广的制度成果,普及创新创业教育,实现新一轮大学生创业引领计划预期目标。到2020年建立健全课堂教学、自主学习、结合实践、指导帮扶、文化引领融为一体的高校创新创业教育体系,人才培养质量显著提升,学生的创新精神、创业意识和创新创业能力明显增强,投身创业实践的学生显著增加。"

本书以提升大学生就业创业能力为核心,主要介绍了大学生就业与创业的相关知识。从实用的角度出发,介绍了大学生就业与创业过程中的基本知识和基本技能,旨在提高大学生的职业素质和就业创业能力,促使他们形成良好的事业心、进取心和对事业的探索精神。

目 录
CONTENTS

第一章 当代大学生就业创业趋势分析 ···001
    第一节 当代大学生就业创业总体形势 ····································001
    第二节 我国产业结构转型升级与现代服务业发展现状及趋势分析 ·······005
    第三节 知识经济时代的来临和大学生就业面临的机遇与挑战 ···········008
    第四节 新一代信息技术发展概况与前瞻 ································009

第二章 职业生涯规划 ···014
    第一节 职业生涯目标 ··014
    第二节 职业生涯的设计与规划 ··021
    第三节 职业生涯的评估修正 ···026

第三章 树立科学的就业创业价值观 ··028
    第一节 正确认识自我,科学合理定位 ···································028
    第二节 树立正确的就业价值观 ··033
    第三节 树立正确的创业价值观 ··038
    第四节 大学生心理健康与就业心态调整 ································042

第四章 当代大学生就业指导 ···045
    第一节 大学与大学生活 ···045
    第二节 大学生的求职路径 ···047
    第三节 大学生就业劳动权益保障及其保护 ·····························050

第五章　当代大学生就业程序 ……058

第一节　大学毕业生就业程序 ……058

第二节　求职材料制作 ……069

第三节　求职礼仪及其笔试、面试 ……076

第六章　大学生创业准备 ……084

第一节　自主创业意识 ……084

第二节　自主创业的条件 ……092

第三节　自主创业的准备 ……106

第七章　大学生创业实践案例 ……120

第一节　大学生创业成功案例分析 ……120

第二节　大学生创业失败案例分析 ……125

第八章　当代大学生创业指导与管理 ……133

第一节　当代大学生自主创新、自主创业现状 ……133

第二节　创业的心理、能力与知识储备及综合素质分析 ……135

第三节　创业团队、项目及材料概述 ……141

第四节　当代大学生创业风险管理分析 ……149

第五节　创业实训、实践及企业组建 ……155

参考文献 ……163

第一章 当代大学生就业创业趋势分析

第一节 当代大学生就业创业总体形势

高校毕业生的就业问题,不仅是教育问题,还是社会问题、政治问题。在当前复杂的国际国内经济社会大环境下,准确研判下一阶段的高校毕业生就业形势,科学制定高校毕业生就业工作对策,是教育系统一个至关重大的课题。

一、高校毕业生就业形势发展的严峻性

据官方统计数据,未来5年,我国高校毕业生规模将处于历史高位,且大致保持稳定。我国的经济也进入了平稳增长期,有时还出现周期性下行等客观情况。诸多原因都使得高校毕业生就业工作面临很大挑战。未来几年,我国高校毕业生就业存在不可逃避的严峻形势。

(一)毕业生规模不断创历史新高

2014年,全国高校毕业生总数达到727万人,比2013年增加28万人,比宁夏的630万人口还多97万。2015年,全国高校毕业生总数将达749万人。2017年,大学毕业生高达795万。

(二)短期经济前景不明朗

目前,我国经济虽然出现企稳回升的态势,但各种不确定因素仍然存在。就业工作如同中国其他众多的社会问题,与经济问题息息相关。毕业生就业率与经济景气程度呈正向相关。当国家的经济发展状况良好时,就业率问题或能迎刃而解。目前我国经济发展困难较多。

2013年第一季度,我国GDP的增速是7.7%,第二季度是7.5%,众多经济专家当时预计数据会继续下行。同年9月10日,李克强总理在达沃斯论坛向全世界做出保证,中国经济的第二季马上要开始,中国经济一定会回暖。10月18日,国家统计局公布第三季度经济数据为7.8%,状况有所改观,其主要原因是从7月底至8月初,中央和地方政府亿万级的投资悄然投向各领域。第四季度经济数据再度回落为7.7%。这样,2013年全年

GDP增速为7.7%,创14年来新低。将2013年全年数据与2012年做对比分析,会发现经济数据的曲线很不稳定,少有规律,趋势不明朗。在2014年博鳌亚洲论坛上,李克强总理表示:无论经济增速比7.5%高一点还是低一点,只要能够保证比较充分的就业,不出现较大波动,都属于合理区间。

(三)中国经济开始周期性下行

国际社会经验表明,一个经济体人均GDP达到1万~1.1万美元时,经济必然面临一个下行期。经济学界在探讨中国经济放缓窗口期的具体时间时,曾普遍认为是2015年或2016年,但实践证明,在人均GDP逼近6000美元大关的2013年,中国经济放缓的格局提前出现了,经济下行已经进入"窗口期"。未来几年,中国经济放缓态势依然存在,这既是结构性的,也是周期性的,这是高校毕业生就业工作面临的大背景和大形势。长期以来,那些过剩产能,包括钢铁、水泥、电解铝等行业,聚集了太多就业人口。中国正处于去产能化时期,结构调整、经济下行等客观现实都将把一些劳动力挤出就业市场。

各省经济基础、经济形态、产业结构和人才供求不尽相同,但从全国范围看,人才市场需求在下降,企业人才储备意愿降低。

二、高校毕业生就业形势发展的积极因素

从严峻形势的另一面来看,我国高校毕业生就业工作已经积累了丰富的实践经验,人口红利下降导致大学生作为劳动力资源的稀缺性进一步加强,中国现行政情也为毕业生就业提供了坚实的保障,我国高校毕业生就业形势发展存在一些可挖掘的积极因素,有让教育系统审慎乐观的理由。

(一)就业工作经验的积累为后续工作提供支撑

在国家教育部和地方政府的重视与领导下,近几年,我国高校毕业生就业工作积累了丰富经验,奠定了扎实基础。通过制定积极的就业政策,拓宽就业渠道,加强对高校毕业生的就业指导以及各高校不断提升软硬件设施建设和师资队伍建设,全国高校毕业生就业率继续保持高位稳定的态势。

(二)人口红利下降增强大学生作为劳动力的稀缺性

中国农业人口无限制向工业部门流动的状况已经终结,劳动力短缺的现象已经产生。大约在2004年,诺贝尔经济学奖得主刘易斯在人口流动模型中提出的"刘易斯拐点"第一次在中国出现。按照人口经济学的研究,中国具有工作能力的劳动力时间段主要为19—59岁,这个年龄段的劳动力人口总数在2013年下降至历史低位,并继续呈下降趋势。

(三)中国现行政情为毕业生就业提供保障

习近平总书记在2013年7月召开的中央经济工作会议上提出"稳增长、调结构、促改革"的战略思路,要求永远把增长放在第一位。可以认为,在党的十九大召开之前,没有

理由也不可能容忍社会和经济出现重大问题。李克强总理上任以来,在微型改革方面采取了诸多措施,比如对小微企业的激励、对金融市场化的改革等。此外,虽然存款利率尚未放开,但贷款利率已经放开。这些都对毕业生就业产生积极意义。2013年10月18日和25日,国务院两次召开国务院常务会议出台的措施以及十八届三中全会深化改革的系列举措,都对毕业生就业形成利好。李克强总理在2014年博鳌亚洲论坛上提出:"需要随着经济发展同步提高人民的收入,而就业是收入的来源,是民生之本。我们将实行更加积极的就业和创业政策,加大对高校毕业生、事业人员就业创业的财税、金融扶持和服务力度。"

新一届政府上任以来,大力推进经济结构改革。按照习近平总书记关于稳增长的指示精神,如果中国能够成功运行未来3年的经济格局,辅以城市分配收入改革、农村土地改革及强化创新等改革,则在党的十九大召开之前,或能比较从容地探索高校毕业生就业之路。

三、高校毕业生就业工作的思路与对策

综合以上分析来看,未来高校毕业生就业形势复杂严峻,但同时可持审慎乐观的态度。针对如此形势及其发展,教育行政部门和高校必须明晰思路并科学应对。

(一)把握教育责任与社会责任的关系,工作到位而不越位

教育部门关于毕业生就业的职能主要在人才培养、创业教育及就业指导服务三方面。而就业指导服务的根本思路在于:保就业局势基本稳定;调就业结构和流向,引导毕业生到基层、到国家最需要的地方就业;挤就业率水分,提升协议就业率。现在有一种教育行政部门和高校应承担毕业生就业无限责任的舆论,也出现了少数教育部门负责人职责越位、"勇挑"重担的现象,这是不科学、不合理、不可取的。

1. 从制度供给分析教育部门职能。在制度上破题是缓解就业压力、解决就业矛盾不可忽视的重要方面。如通过行政体制改革打破公务员队伍的终身制,统一政府机关、事业单位和企业的养老保险政策,建立完善的社会保障制度等,这些都不是教育系统能够直接推进的改革。

2. 从社会文化导向分析教育部门职能。高质量就业包括就业率、起薪标准、岗位迁移能力和就业者满意度等多方面的内涵。前三者是经济学概念,第四个是社会学概念,这些都超出教育学的范畴。长期以来,工作稳定和待遇良好是社会对高校毕业生理想工作的传统定义,这些社会文化导向不是短期能改变的,更不是教育系统能左右的。

(二)把握积极推进与底线思维的关系,教改稳健而不冒进

高等教育发展方式转变涉及教育结构、教育教学模式和教育制度三方面。无论是2013年开始的经济结构性、周期性下行,还是人口红利的消失,都倒逼高等教育转变发展方式。但是,这个发展方式必须遵从教育发展规律,依据客观实际情况,不能盲目冒进,

更不可一蹴而就。

1.要优化高等教育结构。按照日本、韩国及欧洲等一些发达国家和地区的经验,进入经济下行周期时,增长幅度下降的比例为30%~40%。这个下行将伴随一系列的调整:经济结构出现重大调整,工业比重下降,服务业比重上升;原来经济发展"三驾马车"之中的出口和投资比重下降,消费开始占主导地位等。经济结构调整、产业梯度转移和转型升级以及劳动力区域流动给高等教育结构带来两个影响:一是加大高等教育人才产出类型与市场需求的结构性矛盾。目前,农民工、快递员、保姆等职业技术人才紧缺,很多用人单位面临找不到劳动力或劳动力成本快速攀升的问题,而以高校毕业生为代表的"知识人才"却就业困难,应届毕业生平均月薪呈逐年下降走势。严重的结构性人才供需矛盾,其本质是教育类型的结构性矛盾,反映出传统学历教育滞后于现代经济发展的状况。高等教育大众化带来的学生增量,应主要进入职业教育领域,新升格的普通本科高校应当向以就业为导向的应用技术型高校转型。二是加大高校专业设置与企业专业需求的结构性矛盾。长期以来,工科类毕业生及技术技能型人才呈供不应求的状态,而文科类毕业生需求量相对较小。因此,教育系统必须研究毕业生就业质量报告对高等教育结构调整的反馈,建立专业设置根据社会需求动态调整的机制,推动高校实现专业设置、教学内容确定等由资源导向型向需求导向型转变。当然,高校专业结构调整与社会需求之间存在时间差和不匹配现象则受学科专业传承等多种因素影响,不能冒进求成。

2.要优化教育教学模式。教学模式涉及教学目标的确定、教学计划的制订、教学内容的处理、教学方法的选择等。当前,依据经济环境和政策导向,教育系统特别要注重强化创业教育与实践教育环节。创业教育的目标并非是让所有毕业生或者大部分毕业生都在毕业时走上创业道路,而是切实教育和引导大学生提高创业意识、培养创业精神、优化创业知识、发展建立在创业基础上的创业能力。其思路是将创业教育融入人才培养体系,与专业教育结合,纳入人才培养主渠道,贯穿人才培养全过程。

(三)把握稳定预期与客观真实的关系,引导正向而不虚高

做好高校毕业生就业工作困难重重,但做好让人民群众满意、让广大毕业生满意的就业工作,是历史赋予教育行政部门和高校的神圣职责。除了积极落实促进就业的举措外,加强舆论引导和心理教育,也是从面上做好就业工作的关键。

1.要在舆论引导上稳定和提高人民群众对高校毕业生就业的信心和预期。近年来,每年全国高考弃考人数以10万递增,其中农村学子占据绝大多数,究其根本原因,很大程度上是部分群众原有的"读书改变命运"的信心正在逐渐丧失。教育系统要通过扎实推进就业举措,辅以舆论引导,让广大农村家庭和草根阶层预见其接受高等教育的子女能够避免贫穷的命运,并且有机会向社会阶层的上层流动。

2.要在大学生中大力宣传先就业、再择业的就业观念。部分用人单位重使用、轻培养,不愿意招收经验不足、实践能力较弱的应届毕业生,而高校毕业生择业存在"先机关、后国企,不去基层与中小企业"等认识误区。据统计,有七成左右的大学生有就业焦虑,担心找不到工作、找不到好工作。要帮助学生端正就业态度,调适就业心理,调整就业观念。

3.要理性看待社会各界发布的就业率排行榜及相关统计数据。教育行政部门对各高校以及各高校对二级院系和职能部门下达的就业工作指标应当进一步科学化,并使各项就业检查评比工作指标更加契合实际。

4.要完善就业率统计工作,致力于统计和发布没有水分的高校毕业生就业率。正如我国追求没有水分的GDP一样,教育系统应追求真实可靠的就业率。致力于这一目标,应当强调四不准:不准以任何方式强迫毕业生签订就业协议和劳动合同;不准将毕业证书、学位证书发放与毕业生签约挂钩;不准以户档托管为由劝说毕业生签订虚假就业协议;不准将毕业生顶岗实习、见习证明材料作为就业证明材料。这是做好高校毕业生就业工作的基本要求。

第二节 我国产业结构转型升级与现代服务业发展现状及趋势分析

一、国际形势

2013年,受欧元区经济持续衰退和主要新兴市场经济国家经济增长放慢影响,全球经济增长乏力,仍处于弱势复苏阶段。美国经济继续以"缓慢到温和"的步伐复苏,个人消费、房地产、制造业、信贷、出口等经济活动均对温和复苏做出一定贡献,但长期失业率达到历史高点。欧洲经济仍未摆脱欧债危机的影响,经济衰退比预期严重。其中,德国经济增长出现停滞;法国、意大利GDP持续收缩,陷入经济衰退;西班牙则进入经济深度衰退期。日本经济在日元贬值以及日央行强力货币刺激措施的推动下出现复苏,但经济增长速度小于预期,并面临财政刺激措施难以持续的风险。新兴市场经济体受困于国内产能约束、信贷增长慢、外部需求疲软等因素,增长普遍放缓。2014年,世界主要经济体的经济基本面趋向好转,但仍面临经济下行的风险,包括欧元区面临的金融风险,美联储缩减购债规模可能导致的金融市场动荡,新兴市场经济体由于增长前景减弱和信贷弱化,可能要经历更长时间的经济下滑。外部经济的不景气,尤其是作为国际市场消费主体的美国、欧盟等发达经济体复苏的缓慢,将直接导致外部需求增长乏力,使中国软件产业出口市场需求萎缩,软件企业市场开拓面临较大困难。2017年世界经济增速明显提升,劳动市场持续改善,全球物价水平温和上升,大宗商品价格有所上涨,国际贸易增速提高。同时,国际直接投资增长缓慢,全球债务持续积累,金融市场出现泡沫。未来世界经济还面临诸多挑战。这些挑战包括:世界经济回暖的基础还不稳固,支持国际贸易高速增长的长期因素还没有形成,美国财政货币政策对世界经济将有较大的负面溢出效应,逆全球化趋势和贸易投资保护主义倾向加强,债务积压的状况越来越严重,资产泡沫随时可能破裂。全球经济延续复苏态势,经济持续扩张,通胀总体温和。近期美国经济复苏态势强劲,欧元区经济继续改善,英国经济总体稳定,通胀压力加大,日本经济温和复苏。新兴市场经济体总体增长较快,但仍面临调整与转型压力。

二、国内形势

(一)整体发展形势

2013年,受国际经济不景气、经济结构性失衡、经济潜在增长率下行、国内经济由投资主导向消费主导转型调整等多种因素影响,中国经济增长延续稳中求缓态势。在2012年GDP创下近13年最低增长率7.8%后,2014年中国经济继续放缓,GDP同比增长7.4%,GDP增速创下24年来新低。一方面,大型公共项目建设的加快、新型城镇化的逐步展开、信息消费等新消费需求的释放、固定资产投资和居民消费需求的逐渐活跃、结构改革政策效应的逐步显现等,都将为中国经济增长带来机遇;另一方面,全球经济持续疲软、经济转型调整、内需增长乏力、通胀压力抬头、CPI(Consumer Price Index,居民消费价格指数)和PPI(ProducerPrice Index,生产者物价指数)持续背离导致的政策调控难度加大、信贷快速增长、脱媒现象增加、人民币升值等,都是中国经济增长面临的重要挑战。受稳增长、调结构、促改革政策的逐步实施以及经济发展活力逐步增强等的推动。2017年GDP同比增长6.9%,较2016年回升了0.2个百分点,增速自2011年来首次出现回升;GDP总量首次突破80万亿元大关,达到827122亿元。"中国经济从2011年以来下行趋势得到了根本性转折。"国务院参事室特约研究员姚景源表示,去年中国经济增长6.9%,不在于数字高低,更重要的是这种稳中求进的态势,为中国经济高质量发展奠定了基础。此外,2017年中国经济还有诸多亮点:进出口总额277921亿元,比上年增长14.2%,扭转了连续两年下降的局面;全年城镇新增就业超过1300万人,就业目标超额完成;全国居民人均可支配收入实际增长7.3%,增速大幅跑赢GDP增速;企业效益明显好转;物价涨幅重返"1时代";经济结构继续优化。国家统计局局长宁吉喆表示,2017年中国经济运行稳中向好,好于预期,主要体现在六个方面:经济运行保持在合理区间;供给侧结构性改革取得重要进展,"三去一降一补"五大重点任务完成情况较好;新旧动能的转换加快进行;经济增长的质量和效益得到提升;民生保障继续改善;需求结构已经从主要依靠投资拉动转为投资和消费共同拉动。

(二)政策环境形势

2014年是各项软件产业政策加速实施的重要时期,这为中国软件产业的发展营造了良好的环境。为适应产业发展的新形势、新变化,2013年2月,工业和信息化部会同国家发展和改革委员会等部门发布了《软件企业认定管理办法》(工信部联软[2013]64号,以下简称《办法》)。《办法》进一步明确了企业认定范畴,调整了认定条件和标准,优化了认定程序,推进双软件认定工作。随着智能手机、平板电脑、语音服务、互联网接入服务、软件应用服务等信息消费日益活跃,2013年8月,国务院印发《关于促进信息消费扩大内需的若干意见》(国发[2013]32号),信息消费上升到国家重大战略层面,发展信息消费成为拉动内需的经济增长热点,同时也将促进经济结构调整和产业转型升级。软件和信息技术服务是信息消费的重要组成部分,也是信息生产、流通、消费的核心引擎。因此,该政策将更好地发挥软件的支撑和引领作用,为软件产业创造广阔的市场空间。为了加快我国宽带基础设施建设,优化信息技术发展,2013年8月1日,国务院印发《"宽带中国"战略及实施方案》。这一方案将推动国内软件和信息技术服务企业利用宽带网络优势提高产品与服务的市场竞争力,促进软件产业发展。

为了适应新兴领域快速发展的需要,产业政策更加聚焦于云计算等新兴领域。2012年,国务院出台的《十二五国家战略性新兴产业发展规划》、工业和信息化部制定的《软件和信息技术服务业"十二五"发展规划》,均支持云计算、物联网等新兴领域和行业发展。2012年9月,科技部公布首个部级云计算"十二五"规划——《中国云科技发展"十二五"专项规划》,提出突破一批关键技术,支撑重点区域、行业开展典型应用示范,推动实现云计算产品和服务产业化。2013年2月,国务院发布《关于推进物联网有序健康发展的指导意见》,对未来我国物联网发展提出新的目标,并提出六大措施来为物联网发展保驾护航,从政策层面为物联网产业的发展绘制了一个蓝图。2013年8月发布的《关于促进信息消费扩大内需的若干意见》(国发[2013]32号)提出全面推进三网融合以加快信息基础设施的优化升级,并提出拓展云计算、物联网、移动互联网等新兴信息服务业态,培育信息消费需求。《关于印发"宽带中国"战略及实施方案的通知》(国发[2013]31号)也对云计算等新兴领域发展予以支持。此外,智慧城市建设热潮将为软件产业带来巨大的发展空间。2012年,全国有320个城市投入智慧城市建设,共计投入3000亿元。国家住建部在2013年年初公布了90个首批国家智慧城市试点名单,并在8月份公布103个第二批国家智慧城市试点名单。随着政府扶持政策的逐步落地,智慧城市建设在2014年进入集中建设期,将直接拉动万亿IT投资,为数字城市、智能交通、数字城管、平安城市等领域的软件和信息技术服务业带来大额政府订单。数据显示,智慧城市从2013年起,每年在IT领域的支出额将超过1000亿元,其中,对软件和信息技术服务的需求增幅高于硬件,大于20%。云计算、移动互联网、大数据等新兴领域伴随应用逐步落地,进入加快发展期,为产业发展提供新动力。信息安全、安防应急在政策支持和市场需求的双重驱动下,也将实现快速发展。金融信息化、医疗信息化、建设业信息化、三网融合等领域在政策驱动下,也将为中国软件产业创造较大市场空间。

第三节 知识经济时代的来临和大学生就业面临的机遇与挑战

一、知识经济对社会人才需求的影响

一般认为,"知识经济"是以知识为基础的经济,是与农业经济、工业经济相对的一个概念,是一种新型的富有生命力的经济形态。工业化、信息化和知识化是现代化发展的三个阶段。创新是知识经济发展的动力,教育、文化和研究开发是知识经济的先导产业,有知识和高素质的人力资源是知识经济时代最为重要的资源。

1983年,在世界经济增长主要依赖于知识的生产、扩散和应用的背景下,美国加州大学教授、经济学家罗默和卢卡斯提出了新经济增长理论,认为知识是一个重要的生产要素,可以提高投资收益,知识积累是现代经济增长的源泉。卢卡斯的新经济增长理论则将技术进步和知识积累重点投射到人力资本上。他认为,特殊的、专业化的、表现为劳动者技能的人力资本者才是经济增长的真正源泉。"新经济增长理论"的提出,标志着知识经济在理论上的初步形成。但是,知识经济作为一种经济产业形态的确立,其主要标志是以美国微软公司为代表的软件知识产业的兴起。微软的主要产品是软盘及软盘中包含的知识,正是这些知识的广泛应用,打开了计算机应用的大门,微软公司的产值已超过美国三大汽车公司产值的总和。未来美国经济增长的主要源泉就是5000家软件公司,它们对世界经济的贡献不亚于名列前茅的500家世界大公司。所有这些表明,在现代社会生产中,知识已成为生产要素中一个最重要的组成部分,以此为标志的知识经济将成为21世纪的主导经济形态。

1996年,世界经济合作组织发表了题为"以知识为基础的经济"的报告。该报告将知识经济定义为建立在知识的生产、分配和使用(消费)之上的经济。其中所述的知识,包括人类迄今为止所创造的一切知识,最重要的部分是科学技术、管理及行为科学知识。从某种角度来讲,这份报告是人类面向21世纪的发展宣言——人类的发展将更加倚重自己的知识和智能,知识经济将取代工业经济成为时代的主流。

二、知识经济时代的主要影响与未来发展

知识经济的兴起将对投资模式、产业结构、增长方式和教育的职能与形式产生深刻的影响。在投资模式方面,信息、教育、通信等知识密集型高科技产业的巨大产出和呈现出的骤然增长的就业前景,将导致对无形资产的大规模投资。在产业结构方面,电子贸易、网络经济、在线经济等新型产业将大规模兴起;农业等传统产业将越来越知识化;产业结构的变化和调整将以知识的学习、积累和创新为前提,在变化的速度和跨度上将显现出跳跃式发展特征。在增长方式方面,知识可以低成本地不断复制并实现报酬递增,

使经济增长方式走出依赖资源的模式。这不仅使长期经济增长成为可能,还使经济活动一直伴随着学习,教育则融于经济活动的所有环节;同时,知识更新的加快使终身学习成为必要,受教育和学习成为知识经济时代最重要的特征。知识经济时代的代表人物有比尔·盖茨、安迪·格鲁夫、司考特·麦克尼利、史蒂夫·乔布斯、拉里·埃里森等。

知识经济时代就是以知识运营为经济增长方式、知识产业为龙头产业、知识经济为新的经济形态的时代。作为新的经济形态的知识经济,中国著名学者陈世清在其所著的《经济领域的哥白尼革命》和《对称经济学丛书》中第一次提出并加以系统阐述。只有运用对称的、五度空间的、复杂系统论方法的对称经济学,才有可能真正揭示知识经济的本质、结构、意义和功能,才有可能建立真正科学的知识经济学。知识经济也才有可能成为严格意义上的经济学概念,继而才能合理定位知识经济时代。

知识和技术创新是人类经济社会发展的重要动力源泉。知识经济正在给我国的经济发展与社会发展注入更大的活力,带来更好的机遇。大力发展知识经济有利于优化经济结构,合理利用资源,保护生态环境,促进协调发展,提高人口素质等;有利于在新的世纪里建设国家创新体系,通过营造良好的环境,推进知识创新、技术创新和体制创新,提高全社会创新意识和国家创新能力。

知识经济的兴起,使知识上升到社会经济发展的基础地位。知识成了最重要的资源,"智能资本"成了最重要的资本,在知识基础上形成的科技实力成了最重要的竞争力。国家的富强、民族的兴旺、企业的发达和个人的发展,无不依赖于对知识的掌握和创造性的开拓与应用,而知识的生产、学习、创新,则成为人类最重要的活动,知识已成了时代发展的主流,尤其是以高科技信息为主体的知识经济体系迅速扩展,令世人瞩目。

第四节 新一代信息技术发展概况与前瞻

一、计算机行业

(一)发展概况

1.产业规模。2013年以来,中国计算机产业保持平稳增长。产业发展呈现"稳中求进"态势,生产增速小幅攀升,效益状况有所好转,产业结构调整步伐加快。2013年,我国电子计算机行业实现销售产值22401亿元,同比增长5.5%,低于电子信息制造业平均水平5.5个百分点。从各季度销售产值完成情况看,产业规模持续扩大,发展增速震荡回落,销售产值增速连续16个月低于制造业平均水平,且差距呈扩大趋势,从2013年年初相差1.4个百分点扩大至年底的5.5个百分点。2013年,我国共生产微型计算机3.37亿台,同比下降4.9%,其中笔记本2.73亿台,同比增长7.9%。

出口方面,受全球PC(Personal Computer,个人电脑)市场持续下滑态势影响,海外市场需求疲软,我国计算机产品出口整体呈现下滑态势。2013年,我国计算机出口额2245亿美元,同比下降5.7%。其中,台式计算机出口1006.6万台,出口额69.5亿美元,同比增长24.1%;笔记本电脑出口3266.82万台,出口额1108.1亿美元,同比下降2.6%;打印机、显示器出口下降明显。从全年走势看,上半年行业出口快速下滑,进入下半年基本趋稳,2013年6月份后连续7个月负增长。

2. 产业结构。2013年,受智能手机和廉价平板电脑等"超移动设备"快速增长的影响,传统PC出货量不断下滑,台式机销量同比下滑超过10%,平板电脑销量增速超过45%。产品发展呈现冷热不均的态势。移动互联网应用促进了硬件、软件、服务和内容全产业链的整合,计算机、通信、消费电子和数字内容加速融合发展。计算机产品设计由传统PC向移动端迁移,低功耗芯片、固态存储设备、可触摸屏幕、运动传感器等核心芯片与零组件需求呈指数级增长,便携式、平板化智能终端产品的比重不断加大。

3. 产业创新。在高性能计算方面,由国防科大研制的"天河二号"超级计算机,采用了我国自主研发的基于SPARC指令集的FT-1500处理器和麒麟操作系统,以峰值计算速度每秒5.49亿亿次、持续计算速度每秒3.39亿亿次双精度浮点运算的优异性能位居2013年上半年全球超级计算机榜首。服务器方面,浪潮、华为相继推出面向关键行业核心业务系统的浪潮天梭和华为至强32路高端容错计算机,打破了IBM等国际厂商在此领域的长期技术垄断。

(二)发展特点

1. 骨干PC企业优势巩固。受整体行业市场需求下降的影响,全球PC出货量连续多个季度出现下滑,2013年降幅达到10.1%,创有史以来最大年度降幅。国外主要PC企业出货量和市场份额均呈现下滑趋势。与此相反,国内PC骨干企业联想出货量、市场份额则保持逆势增长,竞争优势地位不断巩固。2013年前三季度,联想PC全球出货量达3842.1万台,同比增长0.4%,全球市场份额达17.3%。已超过惠普成为全球最大的PC厂商。2017年全年的品牌销量排行为惠普排名第一,全年PC销量达到5880万台,较上年同期增长8.2%,市场占有率为22.7%。联想排名第二,PC销量达到5485.7万台,占据21.1%的市场份额。另外还有戴尔以16.1%的市场份额排名第三,排名第四的苹果2017年PC销量达1966.1万台,占据7.6%的市场份额,几乎是惠普的三分之一。之后是宏碁(6.8%)和华硕(6.6%)。

2. 行业利润缩水促进业务转型。受全球经济形势的影响,欧美等成熟市场的PC销量不断萎缩,亚太、非洲等新兴市场的需求也趋于饱和。PC行业利润急剧缩水,平均每台PC利润已不足90元。2013年以来,全球主要PC厂商积极采取应对措施,做出战略调整。惠普加快向系统解决方案提供商发展;戴尔似有化方案已获通过;宏基、华硕等厂商纷纷涉足移动互联网领域;广达、仁宝等代工企业也在积极向多样化转型;联想依靠"PC+"战略加快在移动领域的业务布局,成为国内计算机行业的最大亮点。

3.国内企业海外并购步伐加快。2013年,联想与美国EMC成立合资公司,在服务器和存储业务方面开展合作,向中小企业和大企业的分支机构提供EMC的NAS存储系统,并将联想企业级服务器嵌入该存储系统上,借此扩大联想在X86标准服务器细分市场中的实力。同时,联想还耗资1.48亿美元收购了巴西个人电脑和消费电子行业的重要企业CCE公司。这次收购使联想在当地获得生产制造基地,将显著提升其在巴西这个全球第三大个人电脑市场的业务规模和市场份额。

4.国产品牌服务器赢得发展空间。2013年,伴随着移动互联网的飞速发展以及云计算、大数据中心的纷纷落地,服务器产品迎来了发展良机。同时,"棱镜门事件"持续发酵,现实的安全威胁迫使国内企业和政府部门重新审视自己的服务器选型方针和数据中心产品结构,长期被IOE三巨头压制的国产服务器品牌终于赢得自身发展空间。第二季度以来,浪潮服务器出货量紧随HP、DELL、IBM、CISCO之后,位列全球市场第五,这是中国服务器厂商首次进入全球前五。国内市场上,以浪潮、曙光为代表的国内品牌市场份额大涨,合计超过50%,有史以来第一次反超国际厂商。国产服务器还广泛进入电信、银行、电力等关系国计民生的关键领域,品牌影响力和国际竞争力大幅提升。

二、电子信息制造业

我国电子信息制造业是典型的高科技、高投资、外向型的战略性新兴产业[①],受国际经济环境的影响较大,也对国内的研究和投资环境有较高的敏感度。

2014年,世界银行再次下调我国经济增长速度至7.5%,这是近年来我国的GDP最低增速,也说明了我国经济增长进入高速难再的后改革时期,国内经济转型压力剧增。

2014年,中国电子信息制造业继续维持低速发展。由于外需市场持续波动,产业出口增长放缓,国内市场受到需求规模有限及产业转型升级的压力,产业投资增幅有限。虽然产业总体已经告别高速增长时代,但是产业发展质量有望进一步提升。在全球新技术和新产品研发的推动下,中国产业也将迎来技术和产业化能力快速提升的时期。在国家政策的引领下,集成电路、平板显示、光伏等基础产业将健康快速增长,信息消费、TD-LTE(Time Division Long Term Evolution,分时长期演进)、物联网等有望成为新的增长点。

(一)国际市场仍旧难为产业增长提供足够动力

当前,全国经济似乎出现了部分有利于复苏的积极因素,但动力依然不足。例如,国际方面,经济复苏仍存有很大的不确定性,短期之内市场回暖基本无望。在全球经济衰退风险增加、欧债危机持续恶化的大背景下,2014年,全球IT产业增长动力仍显不足。咨询机构Gartner曾于2013年初预计,2014年全球IT支出增速预计为4%,但实际结果则更低。因此,国际市场能否回暖还是充满了不确定性,至少在短期内无法为我国电子信息

---

①汪涛,雷志明,王繁荣.我国战略性新兴产业的国际化发展:现状、问题及对策[J].管理现代化,2017,3:21-25.

制造业增长提供稳定可靠的保障。

近几年,我国电子信息产品主要出口情况将是:香港地区和韩国等主要贸易伙伴出口额仍将保持快速增长,新兴市场和地区出口增速持续发生变化。随着我国集成电路设计制造能力的全面提升,集成电路出口有望快速增长,仍然保持出口产品第一。

(二)移动智能终端成为产业主要增长点

从目前来看,虽然我国在物联网、云计算、数字家庭、新一代移动通信、下一代互联网等战略性新兴领域都进行了很多有益探索,但由于缺乏核心关键技术和商业模式不成熟,兼具规模性和带动性的领域屈指可数,只有移动智能终端领域表现较为突出。据统计,我国智能手机产量占全球总量比重达70%,平板计算机产量占全球总量比重超过80%,自主品牌智能手机产量占全球总量比重超过80%,自主品牌智能手机国内市场占有率超过50%,华为、中兴、联想、宇龙等本土商铺量跻身全球前十,海思、展讯等一批上游手机芯片企业竞争力持续增强,国产基带芯片及射频芯片年销量超过4000万套。未来,我国移动智能终端产业将以创新应用模式、完善产业生态、加强品牌建设、集约规范发展为导向,着力促进国产核心芯片及操作系统在智能手机中的应用推广,持续提升自主品牌智能手机产品的市场占有率,为电子信息制造业实现增长提供重要动力。

如今,各行业继续保持领军行业、快速增长行业和缓慢增长行业的"三级梯队"态势。同时,国产品牌的中低端智能机也将继续保持快速增长,预计通信设备行业仍将保持20%以上增速,集成电路产业有望带动电子器件行业快速增长。因缺乏新兴增长点,计算机、彩电和电子元件行业仍将保持低速增长。

三、计算机和通信设备行业发展展望

(一)计算机行业发展展望

1.行业应用平板电脑迎来成长良机。随着信息技术的快速发展,计算机产品的功能趋于融合,专业性应用更强。当前发展迅猛的平板电脑的最初定位是家庭娱乐,但随着移动芯片和跨硬件平台设计的进步、存储量的增加,平板电脑的数据处理能力大幅提高,而其支持热拔插的使用方式更增强了可靠性、稳定性,使其正逐渐在金融、医疗、教育、交通、工业控制等行业领域得到广泛的应用。通过定制化的硬件设计并辅以行业专用软件服务,行业平板电脑可能成为今后新的机会。

2.新型智能终端演变催生信息消费新热点。依托于强大且多样化的功能与平台属性,智能终端的每一次形态及功能演进都会催生出大量的新兴信息热点和模式。智能手表、智能眼镜、智能腕带、智能纽扣、便携式医疗、智能书包等新型智能终端产品在经历2013年的概念论证和产业链储备后,在2014年迎来爆发或增长的良机,同时催生新的信息消费模式。大量的移动互联网新型应用将随之兴起,从虚拟世界游戏、3D影音、视频通话,到健康诊断、远程医疗。仅穿戴式智能终端,据市场预测,未来三年全球市场模式将

达到100亿美元。

3.自主可控带来新的机会。随着一系列安全事件的出现,服务器、存储、行业终端领域要求实现自主可控的呼声愈加强烈,IT国产化成为未来趋势。华为、浪潮、曙光、联想等厂商不断发力,在产品上不断推陈出新,特别是在云计算、大数据等方面都推出了各有特色的产品和解决方案。基于国产CPU和操作系统的整机产品也正在党政军和工业控制领域大力推进。自主可控为国内计算机企业发展带来新的机会。

(二)通信设备行业发展展望

1.行业有望总体保持稳定增长态势。随着全球经济的继续缓慢复苏,通信设备外需恢复力度依旧疲软,出口面临较大压力。国内方面,随着"宽带中国"战略、"TD-LTE商用"等一系列电信政策的逐步落实与完善,国内电信运营商在电信设备领域的开支将明显加大,预计未来通信设备制造业的内需比重会进一步提升。

2.光通信网络建设迎来飞速发展。随着"宽带中国"战略进程的逐步加快,"光网提速工程"和"三网融合"迈入实质性阶段。在利好政策带动下,运营商将掀起新一轮的建网热潮,移动通信网、传输网、业务网以及支撑网将迎来大规模扩建扩容。因此,预计未来以光迁、光传输设备、光电器件为代表的光通信设备将迎来飞速发展的时期。

3.智能手机是推动行业增长的主力军。2014年,我国智能手机市场升温步伐未减,维持高速增长态势,手机产品销售额已经成为通信设备制造业收入的重要来源。随着TD-LTE扩大规模试验网,多种TD-LTE终端开始出现在大众的视线中。华为、中兴纷纷推出了各自的TD-LTE终端产品。预计随着TD-LTE产业链的逐步成熟和完善,支持TD-LTE模式的智能手机将会不断涌现。

第二章 职业生涯规划

第一节 职业生涯目标

一、职业生涯概况

(一)职业生涯的相关概念

1.职业。职业是指人们为获取主要生活来源和满足社会需求而从事的相对稳定的、有经济收入的、具有一定社会职能的、专门类别的社会劳动。它是一个人社会地位的一般表征,是人们的生活方式、经济状况、文化水平、行为模式、思想情操以及社会身份的综合反映,也是一个人权利、义务、权力、职责的具体表现。

2.职业生涯。职业生涯就是一个人的职业经历。它是一个人一生中所有与职业相联系的行为与活动以及相关的态度、价值观、愿望等连续性经历的过程,也是一个人一生中职业、职位的变迁及工作、理想的实现过程。简单地说,职业生涯就是一个人终生的工作经历。

3.职业生涯规划[1]。职业生涯规划是指在对职业生涯的主客观条件进行测定、分析、总结的基础上,对自己的兴趣、爱好、能力、价值观、职业素质等进行综合分析与权衡,确定最佳的职业奋斗目标,并为实现这一目标做出行之有效的安排。简单地说,职业生涯规划就是规划从开始工作到退休的整个职业历程。

(二)影响职业生涯发展的因素

影响职业生涯发展的因素有很多,如个人因素、教育因素、家庭因素、机会因素等。

1.个人因素。个人因素是进行职业生涯规划首先要考虑的因素,包括个性特征、职业兴趣、性别等。

(1)个性特征:不同个性特征的人适合不同类别的工作,例如,性格外向的人比较适合做管理人员、记者、导游等,而不适合做过细的、单调的机械工作。如果做不符合自己

---

[1]孙立民.职业生涯规划视野下高职院校就业指导工作的探析[R].河北:河北旅游职业学院学报,2012.

个性特征的工作,就会觉得自己的活力被束缚,思想被禁锢。

(2)职业兴趣:职业兴趣是指与职业选择有关的兴趣,不同职业兴趣的人应该选择不同的职业。例如,喜欢具体工作的人可选择室内装饰、园林、美容、机械维修等职业,而喜欢抽象和创造性工作的人可选择新产品开发、社会调查、科研等职业。

(3)性别:性别因素在职业发展中扮演着重要角色。用人单位普遍认为婚姻会导致女性业绩下降,男性在婚后业绩反而会上升。因此,大学生(尤其是女生)规划自己的职业生涯时,不可忽视性别差异。

2.教育因素。大学生都经过了较长时间的专业教育和训练,具有一定的专业知识和技能,这是优势所在,也是大学生进行职业生涯规划的基本依据。

用人单位一般会首先选择具有专业特长的大学生,而大学生迈入社会后的贡献也主要靠运用所学的专业知识来实现。如果大学生的职业生涯规划离开了所学专业,无形当中就为自己的择业增加了许多困难,因而不能尽快就业,个人的价值就难以实现。

3.家庭因素。家庭对大学生的职业生涯规划具有重要影响。父母的职业决定了孩子的生长环境,"子承父业"的现象并不鲜见;父母的价值观、人生观、教育方式和一言一行都会转化为孩子的价值标准;家庭的经济条件关系到子女职业能力和学习能力的训练与提高,富裕的家庭可以在教育方面为子女提供很多资源,而贫困的家庭可能使孩子中途辍学;父母的社会地位与社会关系往往会影响子女的就业途径;父母对子女成功成才的不同期待,会影响子女对职业的不同选择等。

4.机会因素。机会也称机遇,是随机出现、又稍纵即逝的,非常难把握,但它却对个体的发展有着积极的作用。机会通常会表现为一个难得的职业、一个适合的岗位、一个偶然透漏的商业机会等。机会的出现具有偶然性,只有善于抓住机会、把握机会的人才能拥有更多的有利于自己的新的发展机会,才有可能发现和创造更多的机会。

从某种意义上说,机会往往青睐于有准备的人,就如爱因斯坦的那句话:"机遇只偏爱有准备的头脑。"

(三)职业生涯发展理论

1.金斯伯格的职业生涯发展理论。金斯伯格是美国著名的职业指导专家和职业生涯发展理论的先驱及代表人物,他研究的重点是从童年到青少年阶段的职业心理发展过程。他将职业生涯的发展分为幻想期、尝试期和现实期3个阶段。

(1)幻想期(11岁之前):处于11岁之前的儿童对他们所看到或接触到的各类职业工作者(如父母、老师、军人、演员甚至动物园管理员等)都充满了好奇和向往,幻想着长大后做他们那样的人、干他们所干的工作,甚至在装扮、语言和行为上进行模仿。

该时期职业需求的特点是:单凭自己的兴趣爱好选择职业,不考虑自身的条件、能力水平、社会需要与机遇,完全处于幻想之中。

(2)尝试期(11—17岁):尝试期是接受中等教育,由少年向青年过渡的时期。在这一时期,人的心理和生理均在迅速成长、发育和变化,逐渐出现了独立的意识,产生了基本的价值观,知识逐步累积,能力显著增强,初步获得了社会生活经验。

该时期职业需求的特点是:注意自己的职业兴趣,开始客观地审视自身各方面的条件、能力和价值观,开始注意各种职业的社会地位以及社会对该职业的需要。

(3)现实期(17岁以后):现实期的人们完成了中等教育,有一部分人即将步入社会劳动,此时他们能够客观地把自己的职业愿望或要求同自己的主观条件、能力以及社会现实的职业需要密切联系和协调起来,寻找适合自己的职业角色。

该时期职业需求的特点是:已有具体的、现实的职业目标,讲求实际。

2.舒伯的生涯发展理论。舒伯于1953年提出"生涯"的概念,他把生涯发展看成一个持续渐进的过程,由童年时代开始一直伴随人的一生。

舒伯的生涯发展理论将生涯的过程分为成长阶段(0—14岁)、探索阶段(15—24岁)、建立阶段(25—44岁)、维持阶段(45—65岁)和衰退阶段(65岁以上)5个阶段。生涯发展的过程在每个阶段都有其独特的职责和角色以及不同的发展任务,且前一阶段发展任务的完成情况会影响下一阶段的发展。

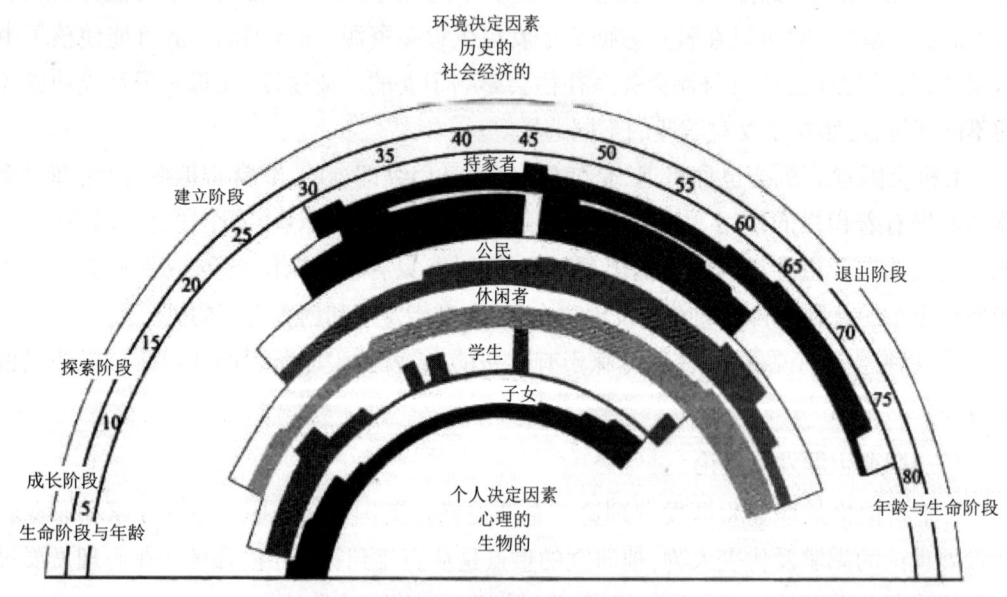

图2-1 舒伯的生涯彩虹图

从舒伯的生涯彩虹图中,我们可以看到生涯规划立体化了。从长度上看,它包括了一个人从生到死的全部生命历程;从空间上看,该过程并不局限于对职业角色的关注,同样重视非职业角色对一个人生涯的影响。舒伯认为,持家者、公民、休闲者、学生、子女、配偶、退休者等角色和工作者的角色都是一个人自我概念的具体表现。所谓"自我概念",就是指个人对自己的兴趣、能力、价值观及人格特征等方面的认识和主观评价。一个人的自我概念在青春期以前就开始形成,至青春期较为明朗,并于成人期由自我概念转化为生涯概念。对工作与生活满意的程度,有赖于个人能否在工作上、职场中以及生活形态上找到展现自我的机会。

3.克朗伯兹的社会学习理论。克朗伯兹将以经典行为主义、强化理论和认知信息加工理论为基础的社会学习理论引入生涯辅导领域,提出个人的社会成熟度在很大程度上依赖对他人行为的学习和模仿,并由此决定他们的职业导向。强调的是社会因素和学习经验对生涯选择的影响。他认为有四种因素会影响一个人的职业选择,这就是遗传因素和特殊的能力、环境因素和事件、学习经验、任务进行技巧。其中,遗传因素在某种程度上可能限制或影响个人的职业选择,环境因素和事件包括社会因素、教育条件和职业条件,学习经验是错综复杂的,任务进行技巧是通过遗传天赋、环境以及不同学习经验的交互影响而形成的包括解决问题的能力、工作习惯、工作的标准、心理状态、情绪反应、知觉和认知的历程等的技能。

根据这几种影响因素,克朗伯兹等人提出了以下职业决策步骤。

第一步,界定问题,描述必须完成的决策,估计完成决策所需的时间。

第二步,拟定行动计划。描述决策所需采取的行动或步骤、如何实现这些步骤、估计每一个步骤所需的时间或日期。

第三步,找出可能的选择。描述已找出的可能选择。

第四步,澄清价值。针对每一种可能选择,描述个人将采取哪些标准作为评价的依据。

第五步,评价可能选择的结果。依据自定的选择标准、评分标准,评价每一种可能的选择。

第六步,系统地删除不符合价值标准的可能选择。针对每一种可能选择与价值标准的符合程度,从中找出最符合决策者标准的理想选择。

第七步,开始行动。描述将采取何种行动以实现选定的目标。

基于环境对人的重要影响,社会学习理论认为生涯的选择是一种相互的历程,这种选择不仅反映个人自主选择的结果,也反映社会所提供的就业机会与就业要求。所以在对大学生进行职业生涯规划教育时,要重视社会环境对大学生职业选择的影响。

(四)职业生涯规划的意义

经过几年专业知识的学习,大学生们需要找到一个适合自身发展的平台,如果事先不进行职业生涯规划,而是盲目地急于就业,必然会造成时间上、精力上和财力上的损失,甚至有可能影响自己人生的发展。因此,职业生涯规划对于大学生的职业发展具有较强的现实意义。

1.有利于大学生建立科学的择业观。一般来说,大学生的第一份职业通常只是父母的意愿、学校的推荐、社会单方面需求的结果,与大学生自身的条件(职业兴趣、职业能力)可能并不完全相符。而我们提倡的是科学择业,即求职者依照自己的职业期望和兴趣,凭借自身能力挑选职业,实现自身能力素质与职业需求的匹配和统一。

进行职业生涯规划可以帮助大学生认清自己的优势和劣势,使其客观地看待自己,树立科学的择业观,保持良好的择业心态,明确自己的发展方向。要避免不切实际的片面求高,选择适合自身特点的职业,并在自己的工作岗位上脚踏实地地工作,不断地积累经验、完善自我,寻求职业生涯的更好发展。

2.有利于增强大学生应对社会竞争的能力。当今社会,竞争日益激烈,要在竞争中占领有利位置,就要找到一个适合自己发展的平台。职业生涯规划可以帮助大学生学会运用科学的方法,采取可行的步骤与措施,有针对性地学习及参加各种相关的培训和实践,充分发挥个人的长处,努力克服缺点,挖掘潜在的能力,不断增强自身的职业竞争能力,从而实现自己的职业目标与理想。

3.有利于提高就业成功率。在双向选择、自主择业的背景下,大学毕业生很看重各种形式的人才交流会,这也是他们走向社会,选择职业的主要渠道之一。然而据统计,人才交流会对接成功率一般只有30%左右,造成这种现象的原因之一就是大学生职业生涯规划的缺失,即大学生职业目标相对模糊,对自我缺乏认知。科学的职业生涯规划可以使大学生明确目标,有的放矢,选择适合自己的职位,提高求职成功率。

4.有利于稳定就业,增强发展后劲。由于缺乏职业生涯规划的指导和长远打算,不少大学生年轻时只是随波逐流地换工作,以致到了30多岁还没有职业定位。这样缺少规划地更换工作,一方面难以在一个合适的领域内积累必要的工作经验,为今后的职业发展奠定坚实的基础;另一方面,频繁跳槽会影响自己职业的稳定发展。而一个不具备应有的职业技能和经验,或是频繁跳槽的求职者都难以得到用人单位的青睐。

经过系统职业生涯规划培训的大学生一般都有明确的职业定向,对择业往往都很慎重。只有这样才能在真正双选的基础上找到一个相对适合自己的职业,从而降低了因入职不匹配而导致的离职率。

二、职业目标

(一)确定目标

确立职业生涯目标时要根据不同个体的主客观条件加以综合考虑。每个人的条件不同,目标也不可能相同,但确定目标的方法是基本相似的。具体来讲,确立职业目标时要遵循以下原则。

1.目标要符合社会与组织的需求。职业目标如同一种"产品",只有有市场的"产品"才有"生产"的必要。因此在确定职业目标时,要考虑到个人、组织及社会等内外环境的需要。

2.目标要适合自身的特点。不同的人有不同的性格、兴趣、特长等。因此,要将目标建立在自己的最优性格、最大兴趣和最佳特长上。只有做到这一点,才能充分发挥自己的才干和潜能,并有所成就。

3. 目标要高低适度。适宜的目标能起到激励作用,促进自己的发展。如果目标过高,脱离了实际,就会因好高骛远而失败;目标过低,就会停滞不前,目标也就失去了意义。因此,确立目标应依据自身实际,恰到好处。

4. 目标要长短结合。长期目标为人生指明了方向,可鼓舞斗志;短期目标是实现长期目标的保证,没有短期目标,长期目标也就不能实现。在职业生涯发展过程中,人们通过短期目标的达成,能体会到实现目标的成就感和乐趣,进而鼓舞自己为了取得更大的成就,朝着更高的目标前进。

5. 同一时期的目标不宜过多。就职业生涯目标而言,同一时期的目标最好集中为一个。举个简单的例子,目标就好比追逐的对象,你见过同时追逐5只兔子的猎手吗?答案显而易见,即使是只有两只兔子,一个人也无法同时追逐,结果自然是犹豫不决、一无所获。所以在确立目标时,应把目标集中在一个焦点上,全力以赴。

6. 目标要具体明确。如果目标含糊不清,就起不到目标的作用。例如,有人决心干一番事业,却不知道具体干什么,这就等于没有目标。只有简单空洞的口号,却没有具体、明确的内容,不仅起不到目标的作用,还很可能打消人的积极性和进取心。

7. 目标要留有余地。在实现职业生涯目标的时间安排上,不要过急、过满或过死。如果目标设定过急,需要5年才能达到的目标,却定为3年或两年,就会"欲速则不达",不是计划落空,就是影响工作质量;如果安排得过满,在同一时间里既做这个,又做那个,结果就会顾此失彼,身心疲惫,无法坚持;如果安排过死,规定某一时间只能做某事,一旦遇到某些干扰,无法完成计划,又没有补做时间,必然会使目标落空。因此,确立职业生涯目标时要留出机动时间,即使发生某些意外情况,也有时间和精力机动处理。

(二)制定规划

规划也可称之为计划,是为实现组织或个人目标而对未来行动所做的综合的和统筹的安排。世界著名职业生涯规划大师、潜能激励大师安东尼·罗宾斯有一个关于成功的万能公式:成功=明确目标+详细计划+立刻行动+修正行动+坚持到底。

制定规划的方式主要有两种,一是按内容制定规划,二是按时间制定规划。

1. 按内容制定规划。按内容制定规划是指以内容为主线所做的规划。一些同学在学校学习成绩很好,但毕业后的表现却并不出色,甚至有些同学找工作都成问题,这是为什么呢?就是因为他们只注重学业规划,忽视了其他重要能力的培养。

大学期间是一个人职业生涯的起点,是为以后就业做准备的,所以,大学生要主动去适应社会,多些研究,少些抱怨,只有这样,大学生才能真正地提高自己的就业能力,为自己的职业生涯打好坚实的基础。按内容制定规划主要包括规划专业技能学习规划、基础知识学习规划和就业知识学习规划。

2. 按时间制定规划。按时间制定规划是指以时间为主线所做的规划,可分为短期计划、中期规划、长期规划。大学生首先应制定一个长期规划,在此基础上制定自己的中短期规划,注意短期规划是中期、长期规划的细分,应该服从于长期规划,切忌那些只顾短期得失,不计长远利益的短视行为。大学生按时间制定自己大学期间的规划,首先应该有一个大学期间的总体目标规划,在这个基础上分学期或分阶段制定自己的大学期间规划,再按照月度、星期、日进行细分。任何目标都必须具体到一件事情,而每一件事情都必须落实到每一天的时间里。

需要指出的是,大学是一个个性化发展的时期,个人发展的方向并不相同,因此选择也不相同。在制定规划的时候,要充分了解自己的优点、特点,结合环境的变化,制定出适宜自己的独具个性的规划。

(三)SWOT分析法

SWOT分析法又称态势分析法,它是由旧金山大学的管理学教授于20世纪80年代初提出来的,是一种功能强大的分析工具。它可用于帮助分析个人技能、能力、职业、喜好和职业机会。

SWOT的4个英文字母分别代表:优势(Strength)、劣势(Weakness)、机会(Opportunity)、威胁(Threat)。从整体上看,SWOT可以分为两部分:第一部分为SW,主要用来分析内部条件;第二部分为OT,主要用来分析外部条件。利用这种方法可以从中找出对自己有利的、值得发扬的因素以及对自己不利的、要避开的东西,发现存在的问题,找出解决办法,并明确以后的发展方向。

一般来说,求职者在进行SWOT分析时,应遵循以下4个步骤:

1.评估自己的长处和短处。我们每个人都有自己独特的技能、天赋和能力。在当今分工非常细的市场经济环境下,每个人擅长某一领域,而不是样样精通(除非大才)。请做个表,列出自己喜欢做的事情和自己的长处所在(如果你觉得界定自己的长处比较困难,可以找一些测试习题做一做,做完之后,就会发现长处所在)。同样,通过列表,你可以找出自己不是很喜欢做的事情和你的弱势。

2.找出职业机会和威胁。我们知道,不同的行业(包括这些行业里不同的公司)面临着不同的外部机会和威胁,找出这些外界因素将有助于你成功地找到一份适合自己的工作。如果公司处于一个常受到外界不利因素影响的行业里,很自然,这个公司能提供的职业机会将是很少的,而且没有职业升迁的机会;反之,充满了许多积极的外界因素的行业将为求职者提供广阔的职业前景。请列出自己感兴趣的一两个行业,然后认真地评估这些行业所面临的机会和威胁。

3.提纲式地列出今后5年内的职业目标。仔细地对自己做一个SWOT分析,列出从学校毕业后5年内最想实现的几个职业目标。这些目标可以包括:想从事哪一种职业,将管理多少人,希望自己拿到的薪水属哪一级别等。

4.提纲式地列出一份今后5年的职业行动计划。这一步主要涉及一些具体的计划。

请拟出一份实现上述目标的行动计划,并且详细说明为了实现每一个目标,你要做的每一件事,何时完成这些事。如果觉得需要一些外界帮助,请说明需要何种帮助和如何获取这种帮助。

当做完详尽的个人SWOT分析后,你将有一个连贯的、切实可行的个人职业策略供你参考。

第二节 职业生涯的设计与规划

一、职业生涯规划与设计的步骤

(一)自我分析

自我认知实际上就是"知己"的过程,它是职业生涯规划的基础。只有对自己有了充分的认识和了解,规划中的"定向""定位""定点"才能比较准确。

1.自我认知的内容。自我认知包括对生理自我、心理自我、理性自我、社会自我几个部分的认知。对生理自我的认知主要指对自我的相貌、身体健康状况、智力等方面的认知;对心理自我的认知主要指对自我的性格、兴趣、气质、意志、能力等方面的评估与判断;对理性自我的认知主要指对自我的思维方式和方法、道德水平、情商等因素的评价;对社会自我的认知主要是指对自己在社会上所扮演的角色,在社会中的责任、权利、义务、名誉、他人对自己的态度以及自己对他人的态度等方面的评价。

2.自我认知的方法。自我认知不是一件容易的事情,大学生可用橱窗分析法和测试法等进行自我认知。

(1)橱窗分析法:心理学家把对个人的了解比成一个橱窗。为了便于理解,可以把橱窗放在一个直角坐标中加以分析。横轴的正向表示别人知道,负向表示别人不知道;纵轴的正向表示自己知道,负向表示自己不知道,如图2-2所示。

橱窗1为自己知道、别人也知道的部分,称为"公开我",属于个人展现在外的、无所隐藏的部分;橱窗2为自己知道、别人不知道的部分,称为"隐私我",属于个人内在的私有秘密部分;橱窗3为自己不知道、别人也不知道的部分,称为"潜在我",是有待开发的部分;橱窗4为自己不知道、别人知道的部分,称为"脊背我",就如一个人的背部,自己看不到,别人却看得很清楚。

通过4个橱窗的含义可知,在进行自我认知的时候,重点是了解橱窗3和橱窗4这两部分。

橱窗3是"潜在我"。科学家研究发现,每个人都有巨大的潜能,人类平常只发挥了极小部分的大脑功能。美国著名心理学家奥托指出,一个人一生所发挥出来的能力只占他全部能力的4%，也就是说一个人96%的能力还未开发。由此可见，认识、了解"潜在我"是自我认知的重点之一，把个人潜能开发出来，也是职场新人的头等大事。

橱窗4是"脊背我"。如果诚恳地征询他人对自己的意见和看法，就不难了解"脊背我"。我们可以通过与自己家人、朋友的交流，或者借助录音、录像设备来了解自己。

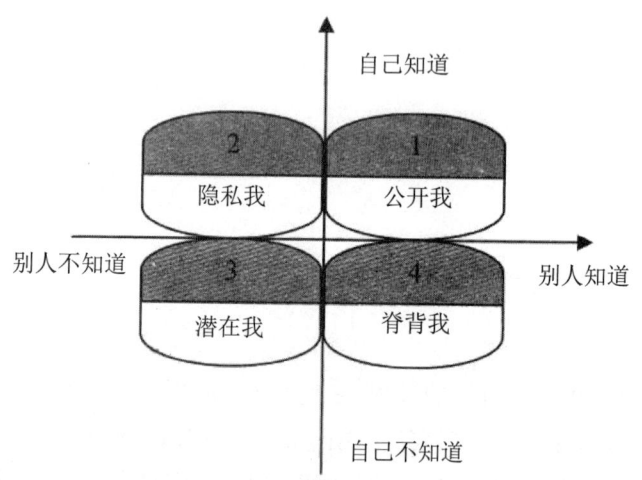

图2-2　坐标橱窗

（2）测试法：测试法包括自我测试法和计算机测试法两种。

1）自我测试法：自我测试法是通过回答有关问题来认识自己、了解自己的一种方法，是一种比较简单、易操作的自我认知法。测试题目由心理学家们经过精心研究设定，只要如实回答，就能了解自己的有关情况。在回答问题时，切忌寻找标准答案，而应该是自己怎么想、怎么认识就怎么回答，这样的测试才有实际意义。

2）计算机测试法：计算机测试法是一种了解自己、认识自己的现代测试方法，科学性、准确性相对较高。目前国内外比较常用的有以下几种测试方法：①人格测试：人格是个人带有一定倾向性的、比较稳定的、本质的心理特征的综合，包括气质、能力、性格、兴趣等心理特征。目前，常用的人格测试量表有明尼苏达多项人格测验、卡特尔16种个性测验、艾森克人格问卷等；②智力测试：智力具有抽象性与隐蔽性的特点，难以把握，大学生有必要了解一些智力测试的方法，以便提高自我剖析的水平。常用的智力测试量表有韦克斯勒智力量表和瑞文推理测验量表等；③能力测试：这里的能力包括文职人员能力与机械能力两种。文职人员是指工作地点在办公室，主要从事创造力要求较低的工作的脑力劳动者，如会计、出纳、秘书、干事等，其测验方法有明尼苏达办事员测验、一般办事员测验等；机械能力包括感觉和动作能力、空间知觉、学习机械事物的能力以及理解机械关系的能力等，测验量表有明尼苏达拼版测验、贝内特理解测验等；④职业倾向测试：职业能力的大小与任职者对职业的倾向与兴趣有很大关系。职业兴趣测试量表有爱丁堡职业倾向问卷、霍兰德职业兴趣问卷表、明尼苏达职业兴趣问卷表等。

(二)制定职业生涯策略

1.制定职业生涯策略的原则。职业生涯策略是为实现职业生涯目标服务的,因此制定职业生涯策略时应遵循以下原则:

(1)规范性原则:职业生涯策略要符合个人的职业价值观的要求和职业规范的要求。如果做违背个人价值观的事情会给自己带来痛苦,做违背职业规范和社会规范的事情,会受到组织与社会的制约,最终会影响个人的发展。

(2)优势性原则:职业生涯策略要充分发挥个人优势,扬长避短,这样才能在求职过程中增加成功的概率。

(3)前瞻性原则:职业生涯策略要预测到未来社会、经济、政策、市场等诸多方面的重大变化的影响,考虑相应对策,从而使策略具有相当的适应性。

(4)可操作性原则:职业生涯策略要具体明确,具有可操作性,这样才便于落实和定期检查落实的情况。

(5)持久性、一贯性和严肃性原则:除非遇到不可抗力事件或未预料到的严重事件的影响,一般不要对发展策略进行频繁修改或调整。

2.制定职业生涯策略的步骤。职业生涯策略包含着十分丰富的内容,制定职业生涯策略一般可以经过以下几个步骤来完成:

(1)制定切实可行的个人培训计划,不断提高个人能力:个人素质与能力是职业生涯发展的基础,素质的改善和能力的提升对职业生涯发展具有促进作用。

(2)制定工作改善计划,努力提高工作业绩:良好的业绩是个人生涯发展的操作平台,俗话说,有为才能有位,只有取得优异的成绩才能获得良好的发展。

(3)积极构建职业社会资本,不断提升职业影响力:职业社会资本是影响职业生涯发展的重要因素,丰富的社会资本是促进职业生涯成功的重要保证。

(4)选择适当的职业生涯发展模式:职业生涯发展模式有多种,不同模式各具特色,选择适当的模式对促进个人职业生涯成功具有重要的影响。

(三)职业生涯规划的实施

要保证职业生涯规划的实现,就需要积极地实施职业生涯策略。其重点是做好以下两个方面。

1.做好时间管理,提高工作效率。要提高工作效率,就要掌握好时间、利用好时间、管理好时间。管理时间的最好方法就是从避免时间的浪费做起。

2.明确绩效目标,改善个人绩效。要实现个人的生涯发展目标,良好的工作业绩是基础。因此,做好个人绩效管理工作是非常重要的。具体可以从以下3个方面着手:

一是在工作中建立明确的个人业绩目标。业绩目标要符合公司(组织)的需要、(超额)满足岗位的需要,并对个人具有一定的挑战性。

二是结合工作与目标要求主动改善工作。根据工作的实践需要和变化,不断提出工作完善措施和计划,争取保质保量超额完成工作任务。

三是在工作中乐于助人,在确保个人绩效目标实现的前提下,尽力帮助别人,提高团队绩效和部门绩效。

二、职业生涯设计中的常见问题

(一)自我认知陷入误区

正确认识自我不是一件容易的事情。随着职业生涯设计理论研究的发展,依据各种理论的自我认知测评工具逐步发展:霍兰德职业兴趣测试、卡特尔16种人格因素测试、MBTI人格类型测试、360度评估法等。由于测评工具具有良好的引导性,方便实用,使得大学生容易在自我认知方面过分依靠测评工具,而忽视了自我反省,其自我认知是"测评工具的自我认知",非真实的"自我认知"。造成的结果往往是,测评工具测出其适合从事什么职业,学生就认为自己该从事什么职业。

事实上,所有测评工具都有其无可避免的局限性,在自我认知过程中只能作为辅助工具。而我们每一个人都是一个独特的人,都有其自身的"独特性",而价值观往往就是其"独特性"最集中的表现,人的价值观更多地受家庭背景、人文环境、人际关系等的影响。忽视了"自问、自省"这个最重要的"测评方法",就有可能忽略人的基本价值观。有的人可能适合某种职业,但并不符合其价值观追求。

(二)职业认知先天不足

89.1%的学生的职业认知来自于"网上职业认知""亲朋好友职业认知"等间接的职业认知。事实上,仅有间接职业认知是不够的,正所谓"纸上得来终觉浅,觉知此事要躬行"。没有亲身职业体验的大学生并不了解职业和职场,难于做出行之有效的职业生涯设计,在这种情况下设计出的职业生涯规划甚至可能误导大学生。

造成这种现状的主要原因有3个:一是受传统教育思想的影响。在我国的教育历史中历来有重理论轻实践的倾向,理论和实践相脱离。每位大学生从小学开始就被教育要好好学习,将来长大后当干部,"学而优则仕"的思想在大学生中根深蒂固,近年来大学毕业生报考公务员热"高烧不退"就是一个真实的写照。

二是计划经济时代大学生就业包分配思维的影响。大学生毕业后,安排工作是国家的事,用不着大学生自己去操心,以至于从家庭、学校到社会很少关心大学生怎样选择职业,将来如何发展。近年来,随着大学生就业难问题的出现,大学生如何来合理设计自己的职业问题才引起高校及大学生们的重视。

三是市场经济条件下,不少单位受成本和风险的考虑,不愿意接受在校大学生到企业锻炼,学生难于获得职业体验的机会。

(三)职业目标定位不合理

1.拔高自我评价和期望值。许多大学生往往只关注自身的优势而忽略劣势,普遍存在着就高(高收入)不就低(低收入)、就东(东部沿海)不就西(条件艰苦的西部)、就城(大城市)不就乡(乡镇)、就富(经济发达富裕地区)不就穷(老少边穷地区)、就大(大企业、大单位)不就小(小企业)、就公(国有企事业单位)不就私(个体、私营企业、三资企业)的心理趋向。只盯着"三大"(大城市、大企业、大机关),片面追求"三高"(高收入、高福利、高地位)的职位,而不考虑自身的条件。

2. 对内外部环境分析结果与最终职业定位不相符。不少大学生的职业目标多半会由其主观上的期望值所决定,也就是说无论其后来的分析如何系统完善,得出的职业目标都会是其原先期待的那个。而照此发展的职业生涯规划也只会成为一纸空话,不具备设计的科学性和严谨性。

3. 职业目标定位首选和备选方案间缺乏内在联系。大多数学生意识到职业生涯设计实际执行过程中,随着社会的发展和环境的变化,往往会发现预期和实际情况并不那么吻合的情况,都能准备多个备选方案,然而备选方案之间相差悬殊,缺乏内在联系,其结果使得他们在实际准备中受干扰大,犹豫不决,不利于核心职业目标的实现。

(四)职业生涯设计执行不力

在确定了职业生涯目标后,行动便成了关键环节。然而大部分学生设定自己的职业生涯目标后,并未制订详尽、具体的实施方案。有职业目标的大学毕业生大都做过做职业生涯规划,但却只是停留在"想"的层面而缺乏具体的行动或是行动半途而废。这都说明大学生缺乏对职业生涯设计的执行力,包括制定的执行力和完成的执行力。从高校角度来说,大学生职业生涯设计执行不力的原因主要有两个方面:

1. 高校的学生评价标准与职业生涯规划要求脱节。长期以来,我国高校的主要任务只是培育专业人才,评价一个学生的主要依据是品德好、学习好、文体好,积极参加学生工作和社会实践工作。这种标准下的好学生具有良好的道德水平和专业能力,但并不一定具有职业发展最需要的职业素质。

2. 职业生涯规划的主体错位。大学生职业生涯设计的主体是大学生。大学生的职业生涯规划,无论是职业生涯分析、定位,还是设计、实施,主体必然是大学生自己,高校的就业指导部门不过是提供一种方法、思路、工具、课程而已。然而,高校在大学生就业困难的背景下开始的职业生涯规划教育,主要以提供形式上的服务(职业生涯规划教育、职业测评、双选会等)为己任,而不管事实上的结果(只关注是否有职业生涯规划的意识和是否做了职业生涯规划书,而并不关心其实施行动)。这种"授人以鱼",而非"授人以渔"的职业生涯规划教育难以培养学生职业生涯规划的执行能力。

第三节 职业生涯的评估修正

一、认知信息加工理论

认知信息加工理论认为生涯发展就是看一个人如何做出生涯决策以及在生涯问题解决和生涯决策过程中如何使用信息的过程。

该理论把生涯发展与咨询的过程视为学习信息加工能力的过程。该理论的提出者按照信息加工的特性构成了一个信息加工金字塔，如图2-3所示。位于塔底的领域是知识的领域，包括自我知识和职业知识，中间领域是决策领域，包括沟通→分析→综合→评估→执行五个阶段（即CASVE循环），最上层的领域是执行领域，也称为元认知，元认知是一个人所具有的关于自己思维活动和学习活动的知识及其实施的控制，是任何调节认知过程的认知活动，即是任何以认知过程与结果为对象的知识。

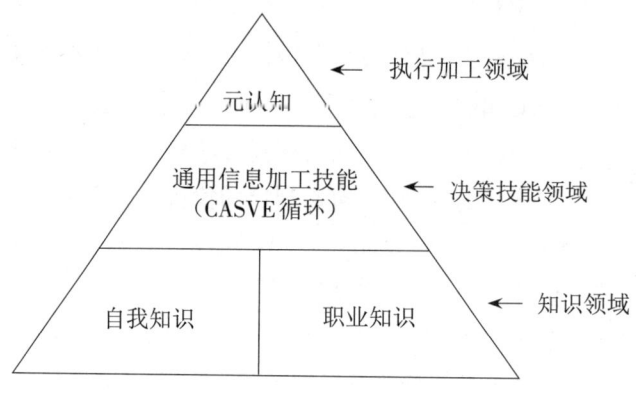

图2-3　信息加工金字塔模型

这一理论为职业生涯规划和职业咨询提供了操作的框架和流程。按照信息加工模型，在生涯管理中，针对最高层，我们需要辨别消极思维、进行积极的自我对话、提高自我控制和调节水平等，以此来完善我们的元认知。CASVE循环提供了一种能用于职业生涯中问题解决的通用方法。当我们能成功、快速、有效地使用这一策略来处理生涯问题时，我们的生涯状况将得到极大改善。而自我知识和职业知识构成职业生涯规划的基础，没有全面而准确的知识，个人就无法做出恰当的职业生涯决策，职业生涯规划时需要对其完善。

二、平衡单分析法

平衡单分析法是分析事物之间相互关系的一种方法。它分析事物之间发展是否平衡，揭示出事物间出现的不平衡状态、性质和原因，指引人们去研究积极平衡的方法，促进事物的发展。

平衡单分析法经常被应用于问题解决模式和职业咨询中,用以协助咨询者有系统地分析每一个可能的选项,判断分别执行各选项的利弊得失,然后依据其在利弊得失上的加权计分排定各个选项的优先顺序,以执行最优先或偏好的选项。

平衡单的设计,是用来协助决策者作出合适的决定。它可以帮助决策者具体分析每一个可能的选择方案,考虑各种方案实施后的利弊得失,最后排列优先顺序,选择最优方案。平衡单设计的步骤包括以下几个方面。

(1)列出可能的职业选项:咨询者首先需在平衡单中列出有待深入评价的潜在职业选项三至五个。

(2)判断各个职业选项的利弊得失:平衡单中提供咨询者思考的重要得失,集中于四个方面,分别是:自我物质方面的得失、他人物质方面的得失、自我赞许(精神方面)的得失、他人赞许(精神方面)的得失。咨询者可依据重要的得失方面,逐一检视各个职业选项,并以"+5"至"-5"的十一点量表(+5,+4,+3,+2,+1,0,-1,-2,-3,-4,-5),来衡量各个职业选项。

(3)各项考虑因素的加权计分:咨询者在各个方面的利弊得失之间,会因身处于不同情境而有不同的考量。因此,在详细列出各项考虑层面之后,须再进行加权计分。即对当时个人而言,重要的考虑因素可乘以一至五倍分数(×5),依次递减。

(4)计算出各个职业选项的得分:咨询者须逐一计算各个职业选项在"得"(正分)与"失"(负分)的加权计分与累加结果,并计算各个生涯选项的总分。

(5)排定各个职业选项的优先顺序:最后,依据各职业选项在总分上的高低,排定优先次序。职业选项的优先次序即可作为咨询者职业生涯决策的依据。

第三章 树立科学的就业创业价值观

第一节 正确认识自我,科学合理定位

当前,我国高等教育已进入大众化时代。在校大学生达3000多万人,毛入学率达40%,2017届全国高校毕业生人数已经高达700多万。我国将继续推进高等教育大众化的进程。

大学生已不再是就业市场上的稀缺资源,而且大学生的就业压力还会越来越大。一方面,我们国家经济市场化改革进程加快,产业结构不断转型升级,经济增速放缓,移动互联网等新技术对传统服务业造成巨大冲击;另一方面,国际金融危机仍在持续,外需不旺,部分外向型企业发展失利,很多企业削减甚至取消了校园招聘计划,进一步加剧了本已十分严峻的就业形势。造成大学生就业难的客观原因很多,有高校专业结构不尽合理、就业市场不够完善、我国仍处于国际产业链分工的低端、有些企业人才"高消费"等。然而就个体而言,工作难找,非常主要的原因是自我认识不清楚、就业观念不正确、就业心态不合理。

"凡事预则立,不预则废",大学生只有看清就业形势,端正就业心态,科学地进行职业生涯规划,方能做到心中有数,处变不惊。

选择职业,要从正确认识自我开始。

一、正确认识自我

(一)"认识自我"的意义

在一次大型人才招聘会上,招聘方透露,前来应聘的八成多是应届大学生,而超过五成的应聘者求职盲目,不知道自己会干啥、能干啥。

"50%的学生比较盲目,不知道自己能干什么、会干什么。"一家四星级酒店的人事行政总监陈先生表示,"比如我们提供的职位中有一个'前台接待',许多应聘者上来第一句话就是'前台接待'是做啥工作的?我能不能应聘这个职位?"半天的时间,陈先生需要一遍一遍地先给每个应聘者讲解什么是"前台接待"。

找工作时,许多人都发出过这样的疑问:"为什么我想要的工作不要我?""想做"和"能做"之间的差异在哪里?

求职失败,很大程度上是因为我们对自己不了解、定位不准确造成的。

"认识自我"其实是个千古之谜,它看上去简单,实际上是最难的。

(二)"认识自我"的内容

1.职业兴趣。兴趣是最好的老师,兴趣是一种无形的动力。每个人都会对他感兴趣的事物给予优先注意和积极探索,并表现出心驰神往。美国著名职业指导专家霍兰德提出:一个人的职业兴趣会极大影响职业的适宜度,当他从事的职业与其兴趣相吻合时,就可能发挥最佳水平,易于做出成就;反之,所从事的职业与其兴趣相悖,则很难有所成就。

霍兰德将人的职业兴趣分为六种类型:现实型、调研型、艺术型、社会型、事业型、常规型。其理论适应范围是应届毕业生和工作经验较少的人。

现实型(技能型)。倾向于需要技能、体力与合作方面的职业。身体强健,动作灵活,具有较好的身体技能;喜欢户外活动,喜欢使用和操作机器,特别是那些大型机械。不善言谈,对于人际交往及人员管理、监督等活动不太感兴趣。

适合的职业:动植物管理方面的职业,机械管理方面的职业,生产技术方面的职业,手工艺技方面的职业,机械装置与运转方面的职业以及工程安装等需熟练技能方面的职业。

调研型(探索型)。喜欢理论思维或偏爱数理统计工作,对于解决抽象问题有极大热情,喜欢具有挑战性、创造性的工作,不太喜欢固定程序的任务,对科学研究与科学探索有着极大的热情,倾向于通过思考,而不一定通过具体的操作解决问题。对周围人不太感兴趣,不太喜欢与人交往。

适合的职业:分析师、设计师、生物学家、物理学家、气象学家、社会科学家、实验研究人员等。

艺术型。对具有创造、想象及自我表现空间的工作显示出明显的偏好,倾向于自我表达、艺术创造、情感抒发等类工作,喜欢艺术工作以及能表现自己的艺术环境,不喜欢粗重的体力活,对高度规范化和程序化的工作不感兴趣。喜欢一个人活动,不太合群这一点与调研型人群很相似,不同之处是有强烈的表现欲,过于自信,而且情绪变化大。

适合的职业:艺术家、画家、作家、作曲家、歌唱家、戏剧导演、诗人、演员等。

社会型。喜欢交际方面的工作,乐于言谈,喜欢与周围的人相处,给人提供帮助,关心社会的公正和正义,具有人道主义倾向,责任心强,喜欢通过与人讨论来解决存在的问题。不太喜欢剧烈的运动工作,不太喜欢以机械和物品为对象的工作。

适合的职业:咨询、培训、辅导、说劝类工作,如校长、临床心理学家、大学教师、就业指导顾问、商品营销人员等。

事业型(经营型)。喜欢影响、管理、领导他人,喜欢制定新的工作计划、事业规划以及设立新的工作组织,并积极地发挥组织的作用进行活动;自信,精力充沛,支配欲强,有强烈的冒险精神,善于辞令,尤其适合担任有领导责任的社会工作。但缺少从事精学细工作的耐心,不喜欢从事长期的智力、体力工作。

适合的职业:经理、推销员、电影电视节目制作人、政治家、社会活动家等。

常规型(事务型、传统型)。喜欢高度有序、分工明确的工作。喜欢办公室工作,不喜欢做决策和判断,习惯于服从,并且忠诚可靠。愿意在大型机构做一般性的工作,既不喜欢从事笨重的体力劳动,又会在工作中与他人保持一定的距离,对于明确规定的任务可以更好地完成。

适合的职业:办公室职员、银行职员、图书管理员、会计、计算机操作员、税务员、统计员、交通管理员等。

2.气质与性格。性格与气质是既有区别又有联系的两种不同的个性心理特征,二者在人的一切行为活动中起着重要的导向作用。

气质是人们生来就具有形成某些特定行为类型的倾向性,它是指在人的认识、情感、言语、行动中,心理活动发生时力量的强弱、变化的快慢和均衡程度等稳定的动力特征。主要表现在情绪体验的快慢、强弱,表现的隐显以及动作的灵敏或迟钝方面。

人的气质分为四种:热情的胆汁质,开朗的多血质,冷静的抑郁质,沉稳的黏液质。不同气质类型的明显区别是:胆汁质的人是急性子;黏液质的人是慢性子;多血质的人兴趣容易转移,爱好广泛;抑郁质的人性格孤僻,不愿交往。

有人用四季来形容四种气质类型,对应如下:多血质——春;胆汁质——夏;黏液质——秋;抑郁质——冬。

性格是表现在人对现实的态度和相应的行为方式中的比较稳定的、具有核心意义的个性心理特征,是一种与社会相关最密切的人格特征。性格主要体现在对自己、对别人、对事物的态度和言行上。性格是在社会生活中逐渐形成的,同时也受个体的生物学因素的影响。

性格表现一个人的品德,受人的价值观、人生观、世界观的影响。性格有好坏之分,能最直接地反映出一个人的道德风貌。

本性和性格的区别:性格是后天形成的,比如腼腆的性格、暴躁的性格、果断的性格和优柔寡断的性格等。本性是人天生所具有的、不可改变的思维方式,比如自尊心、虚荣心、荣誉感等。人的本性包括有求生的本性、懒惰的本性和不满足的本性。

每个人都有与众不同的性格特质。性格与职业的最佳匹配能使我们成为更有效的工作者,可以促进我们对工作的兴趣。

有人说,性格决定命运。的确,纵观历史,很多人物的成败、命运都是他们难以克服的性格造成的,例如:

拼搏不息的自信型性格——林肯、孙中山。

创造命运的思考型性格——司马迁、贝多芬。

勇于拓荒的开拓型性格——哥伦布、比尔·盖茨。

信念不泯的坚忍型性格——司马懿、诸葛亮。

反应迅速的敏感型性格——曹操。

恬静深刻的孤独型性格——林黛玉。

挑战常规的叛逆型性格——贾宝玉。

3.能力。作为大学毕业生,既要对自己的各项能力进行盘点,又要善于根据企业需要不断调整、锻炼自己的能力。

能力包括:语言理解、数量关系、逻辑推理、知觉速度、空间知觉、综合分析、动作协调、沟通表达、团队协作、专业技能……

学生和职业人对能力的关注点是不同的。

学生的关注点:成绩、学习能力(记忆力)、思想、概念、个体自由;社会人的关注点:绩效、学习能力(将知识转化为绩效的能力)、团队、行动、整体责任。

大学生的主要目的是学习,职业人主要是完成上司交办的工作任务。学习主要看学习能力,包括理解、逻辑思维、记忆能力等;职业工作需要的能力很多,包括沟通、协调、学习、操作、洞察、计划、领导、实施力等。

在所有能力、素质中,工作态度往往是极端重要的。员工的工作态度是被大部分企业最为看重的,上司把工作态度看得比专业知识更为重要,他们认为,一个人的知识技能可以通过培训获得和提高,但工作态度很大一部分是受个人的生活习惯、生活环境、个人性格影响的,一旦养成很难改变。

用人单位最喜欢的工作态度是:准时、诚实、可靠、稳定、主动合作、善于学习、幽默、乐于助人等。用人单位最不喜欢的工作态度是:懒惰、迟到、缺席、不忠实、精神不集中、太少或太多野心、被动、不诚实、不合作、没礼貌、不守规则、破坏、不尽责、无适应能力等。

二、确立自己的职业目标

大学生要根据自身能力、环境条件、社会需求确立职业目标,可按图3-1来确立自己的职业目标。

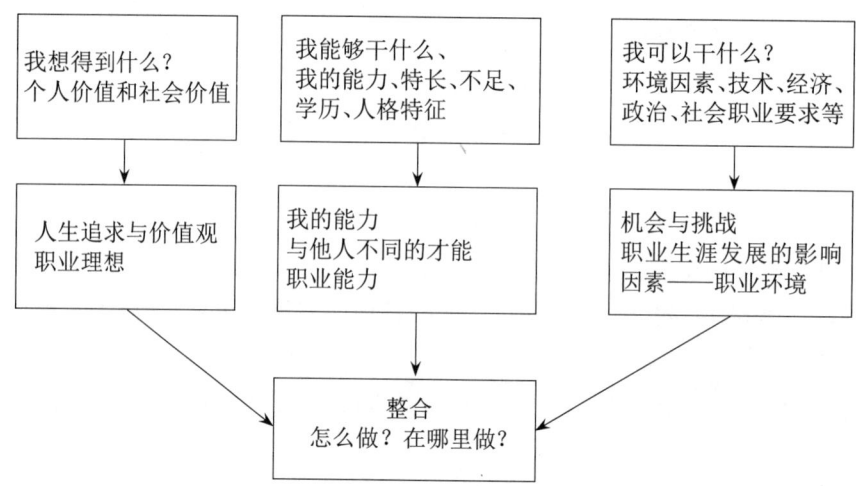

图3-1 确定职业目标的方法

根据专业,了解相关行业,如计算机行业的毕业生要了解以下信息:

与专业直接相关的职位,如计算机专业——计算机维护、网页设计、程序设计、数据库应用、安全防护、结构化布线、图像处理、动画设计。

与专业间接相关的职位,如计算机打字员、速录人员、文员、会计电算化人员、网络营销人员。

与专业无直接关系的职位,即转行。

为了精细比较,可做量化分析,如表3-1:

表3-1 行业可进入度评估

行业名称:						
评估项目	评分标准					实际得分
	5分	4分	3分	2分	1分	
专业对口	对口	相关		不太相关	不相关	
个人兴趣	热爱	有兴趣	一般	可接受	厌恶	
行业成长性	成长期	成熟期	新生期		衰退期	
个人发展空间	充分	较大		一般	压抑	
社会地位	很高	较高	一般		歧视	
收入水平	很高	较高	一般	较低	很低	
进入难度	较高	一般	较低	过高	过低	
其他						
总分						

第二节 树立正确的就业价值观

就业价值观是人生价值观的反映。人生观是人们在实践中形成的对于人生的目的和意义的根本看法,它决定着人们实践活动的目标、人生道路的方向和对待生活的态度。

一、人生价值观的类型

(一)宗教型人生观(降低欲求、不思进取)

道教的人生观:道教追求的人生目的是活着的人的肉体不死、长寿成仙、白日飞升。为了达到肉体不死、成仙成道,道教有一套特殊的修炼之术,主要有内养、外养等。

佛教的人生观:佛教认为人生是苦海无边,人生有八苦:生、老、病、死、怨憎恶、爱离别、求不得、五蕴炽盛。断灭世俗各种各样苦得以产生的原因,就是佛教修行所要达到的目的,即要达到最高的无苦境界——涅槃。

(二)儒家积极进取型人生观

儒家主张通过修身养性,实现齐家、治国、平天下。推崇仁义道德,提倡自强不息的主体精神,积极进取,先义后利,对名利要"直中取"。主张经世致用,建功立业,教民化俗,内圣外王,达则兼济。

(三)小资的自私自利与小农的小满即足人生观

此种人生观以《列子·杨朱篇》为代表。"拔一毛以利天下,不为!"它认为社会的一切交往和生命活动应该以纵欲享乐为根本目的,充分满足自我的情欲。人生短促,生难死易,人生的意义就在于及时行乐。普通百姓便认为人生在世,只求无灾无祸,无饥无寒。有一个安家糊口的小业,太平无事,便是一生最大的心愿。

(四)扭曲的世俗升官发财型价值观(金钱万能、权力至上)

拜金主义人生观把金钱看成万能,认为金钱能主宰一切,以不择手段赚钱作为人生的信条和原则。金钱不仅万能,而且是衡量一切行为的标准。

"吃得苦中苦,方为人上人""学而优则仕""十年寒窗苦,一朝天下知"。只要中举,升官晋爵,便能光宗耀祖,封妻荫子,流芳百世。这种升官发财型价值观借尼采的权力意志说为自己辩护,认为追求权力是人的本能。

(五)马克思主义的人生价值观

努力实现自身价值和社会价值,把通过自我奋斗成才和为社会做贡献结合起来。自我价值和社会价值是辩证统一的。要牢固树立集体主义价值观,把国家需要、社会责任和个人价值有机统一起来。

我们认为,马克思主义的人生价值观是科学合理的,对个人、社会都是负责任的,要反对拜金主义、享乐主义的人生价值观。

从人的发展来看,拜金主义与人的全面发展相背离,抹杀了人的本质的丰富性,把人降格为金钱的奴隶;从社会发展来看,拜金主义盛行的社会必然是一个物欲横流、人情冷漠、尔虞我诈、人人自危的社会,是一个道德沦丧、信仰缺失的社会。经济领域如果任拜金主义泛滥,就会使经济秩序陷入混乱,诚信丧失,就会使诚实劳动得不到回报,使坑蒙拐骗、敲诈勒索者大行其道;政治领域如果盛行拜金主义,执政党和政府就会失去广大人民群众的信任和支持,执政党的政权就有丧失的危险;文化领域如果一切唯金钱至上,整个社会就没有了精神支柱,没有了凝聚力,社会发展则会失去意义和价值。

应该承认,人们对物质享受的追求并没有错,人们通过诚实劳动所得来满足自我物质享受的需要也是社会发展的需要,问题在于不能把物质享乐视作生活的唯一目的。适当的物质享受是合理的,而全然享乐主义的人生观则是片面的,忽略了人的较高层次的精神需要。

大学生的择业观念虽然在总体上倾向务实与理性,但由于处于择业观念的不稳定时期,因此也存在着各种不良的择业观。

二、当前大学生的不良就业价值趋向

(一)只顾眼前利益,忽视职业发展

一些大学生在择业标准中只有工作条件、收入等眼前实在利益,而对自我的职业兴趣、能力、职业的发展前景等因素不作考虑,因而通常选择并不适合自己的职业。

一些同学过分强调职业的功利价值,甚至还将职业划分为不同等级,而不考虑国家与社会的需要,不愿意到条件比较艰苦的地区和行业去工作。

什么是"好工作",下判断还为时过早。对于一个没有任何工作经历的大学生来说,对好工作的理解,多半来源于长辈和社会舆论。一味追求自己并没有实践过的"好工作",并希望"一步到位",不一定有利于确定自己在社会中的位置,实现自身的价值。

人人都满意的"好工作"是有限的。大学生就业首选大城市、大单位,这是人之常情。但是,如果找不到自己理想中的工作怎么办?何况,随着大学毕业生人数的增多,就业竞争会更加激烈。大学生步入社会,首先要解决生存问题,有生存才可能发展。其实,并不是只有大城市、好单位才能施展才华,小地方也能提供机会。关键是看自己,如果没有真本领,即便到了一个"好单位",也随时有被淘汰的危险。

(二)求安稳,求职一次到位的传统观念根深蒂固

很多大学生仍然喜欢稳定、清闲、福利保障好的单位,而不愿意选择有风险、有挑战性的工作,更不敢自己创业。

一个人在一个单位终老的情况几乎已成为历史。一个人的职业生涯,不可能在一个单位完成,而职业生涯的每一个环节,无论是在大城市还是小地方,在大企业还是在乡村,只要用心,只要留心,都能积累经验,增长见识,并为长远的职业生涯发展奠定基础。

(三)过分强调专业对口,学以致用

在求职时,只要是与自己专业关系不密切的职业就不考虑,这样做只能人为地增加自己的就业难度。

一味地高标准定位,盲目性太强了,把自己框死在狭窄的就业范围中也容易高不成低不就,在求职过程中屡屡碰壁。

(四)职业意义认识不当

许多大学生从观念上来说,还是仅仅把工作当作一种谋生的手段,没有充分认识到职业对个人发展、社会进步的重要意义。职业是劳动者谋求发展、实现和创造自身价值、完善自我的重要途径。

三、树立科学的就业价值观念[①]

改变一次就业和高薪就业的观念,而要有多次就业和降低标准的思想准备。

改变一步到位的观念,树立逐步到位的观念;不挑肥拣瘦,从最基层干起。

职业的选择是需要在社会上不断磨炼慢慢确定的;职业没有高低贵贱之分,行行出状元。

基层大有可为。古人云:"猛将必拔于卒武,贤相必起于郡县。"大学生要树立"重事业,轻待遇;重发展,轻地域;先生存,后发展;先就业,后择业"的择业观,树立主动到祖国需要的地方干一番事业,踊跃到基层锻炼成才的成才观。在基层的实践中丰富自己,砥砺意志,提高业务能力。基层是大有可为的!孔子曾曰:"富而可求也,虽执鞭之士,吾亦为之。"(如果追求利益的行为是合乎道义的话,即使是马车夫这样的低贱工作,我也会乐意去做。)

我们要从小事做起,才能成就大事。不拒绝做小事,注意每一个细节,这对一个人的一生都很重要。影响我们的生命和成功的往往不是大事,彗星靠近地球是大事,但它会影响你的事业吗?豺狼虎豹是猛兽,但我们中有谁曾经被咬过?蚊子与人类相比,绝对是弱势群体,可是哪一位没有被蚊子叮过?在人生旅途中把我们搞得狼狈不堪、精疲力竭的往往不是高山大河,而是我们鞋里的一粒沙子或者是松开的鞋带。从细微之处着手,这是成功的保证。这些细节体现你的修为是否到位,处事是否得体。

同时,社会需要是每个人择业时首先务必要考虑的大前提。有需要才会有发展。国家和社会的需要为你今后施展才华提供了广阔的空间。人是要有点精神的。青春年少,血气方刚,指点江山,何计小我,切不可有在安乐窝里混吃混喝的俗念。

未来新的就业模式是一个由三个阶段构成的循环:

[①] 王仁伟. 高职学生就业观培育方法研究[J]. 学校党建与思想教育,2017,16:74-76.

就业、赚钱——将才智和精力投入到新公司中,适应环境;

充电、憧憬——通过不断学习来提高工作能力,寻找机会;

择业、创业——这个职位或单位不再能满足你的发展。

四、做好职业生涯规划

所谓职业生涯规划,就是对决定一个人职业生涯的主客观因素进行分析、总结和测定,确定一个人事业的奋斗目标,并选择实现这一事业目标的职业,编制相应的工作、教育和培训行动计划,对每一步骤的时间、顺序和方向做出合理的安排。

职业生涯是个人一生中所经历的一系列职业与角色的总称,即个人终身发展的历程。生涯≠工作,职业生涯规划≠找工作。

职业(生涯)规划是一个过程,规划的功能在于为生涯设定目标,并找出达成目标所需采取的步骤。

(一)职业生涯规划的必要性

其实我们一直都关心自己的发展,也使用一些方法,但是因为缺乏系统的规划,所以不少人从开始时就有违心愿,不太甘心;进社会之后,更加茫然。恶性循环的结果,是让自己的生涯路越走越迷茫。

有时选择比努力本身更重要。当一个人选择周扒皮做老板,不管他多么努力地工作,恐怕也赚不到几个钱;当一个人选择西门庆做老公,不管她多么努力地相夫教子,也无法保证没有第三者插足。杨修之死,根本原因在于他选错了主子,韦小宝如果选择和郭靖一样的以苦练武功为发展路线的话,恐怕不会成为叱咤风云的韦爵爷。同样,如果一个大学生选择走一条不适合自己的路,整天都把精力用来参加一些没用的协会,看一些没用的书,不管他大学几年多么刻苦,毕业时到了人才市场上照样没有竞争力可言。所以,选择应该是努力的前提,而不是盲目努力之后再考虑如何选择。"自古不谋万世者,不足谋一时;不谋全局者,不足谋一域。"

(二)大学生关于职业生涯的困惑

目前学生关于职业生涯的困惑主要有:

不知道自己能干什么;

不知道自己想干什么;

不知道自己适合干什么;

不知道社会需要什么样的人;

不了解自己所学专业未来的发展状况;

不了解到哪里找工作;

不知道现在该做些什么;

不知是否应该升本、就业、出国。

职业生涯规划要着眼于长远发展。理想的实现是一个漫长的过程,需要一点一点积攒自己的能力。理想太远大,现实太残酷,理想与现实的差距是一条不可逾越的鸿沟。要想做大牌,首先做小卒。大牌是理想和梦想,离我们有如太空般遥远,小卒才是目前的合理选择,这是让你先生存下来的根本。要认识到自己刚刚毕业,没有商场实战的能力和经验,所以不要太过理想化,否则,就是水中捞月,雾里看花。

在职业生涯发展的道路上没有空白点,每一种环境、每一项工作都是一种锻炼,每一个困难、每一次失败都是一次机会。

在职业生涯初期,我们可能做的是自己不喜欢而且不想一生从事的工作。要分清:喜不喜欢这份工作是一码事,应不应该做好这份工作、是否有能力做好这份工作是另一码事。

切记:职业生涯发展是从做好本职工作开始的。当你还没有能力做好一件工作时,就没有资格说不喜欢。

中央电视台对工作三年后的大学毕业生跟踪调查发现,70%的人仍从事就业时的第一份工作。

(三)大学生职业生涯的内容

大学生职业生涯规划应包括:评估自我、确定短期和长期目标、制订行动计划和内容、选择需要采取的方式和途径四个步骤。

下面以高职生为例,对大学生职业生涯规划建议如下:

1.一年级上学期为适应期。

(1)适应大学生活。做好以下六个方面:一是学习适应;二是人际适应;三是生活自理适应;四是环境的总体认同;五是异性关系的适应;六是自我定位的适应。

(2)初步了解自己未来所想从事的职业或与自己所学专业对口的职业。

2.一年级下学期为定向期。了解未来职场的素质要求,有选择性地参加相关活动和实践:

(1)了解本专业的就业形势,初步确定职业目标,将就业的压力转化为整个大学阶段的学习动力。

(2)参加学生会或社团等组织,参与各项活动,锻炼自己的各种能力。

(3)课余时间尝试从事与自己未来职业或本专业有关的兼职工作、社会实践活动,并要有毅力,提高自己的责任感、主动性和受挫能力。

(4)提升英语口语能力,提升计算机应用能力,通过英语和计算机的相关证书考试。

(5)选择报名各种辅导班(考证、升学)。

3.二年级为冲刺期。

(1)参加"大学生课外学术科技作品竞赛""大学生创业计划大赛",锻炼自己独立解决问题的能力和创造性。

(2)重视课程、毕业论文设计,撰写专业学术文章。

(3)参加和专业有关的实习工作,强化检验自身各项能力和技术。

(4)学习写简历、求职信,了解搜集工作信息的渠道,加入校友网络,并积极尝试。

(5)参加培训,获得某种行业准人的相关的职业资格证书。

4.三年级为决定期。

可先对前两年的准备做一个总结:首先检验自己已确立的职业目标是否明确,前三年的准备是否已够充分,哪些需做些补充。然后,开始毕业后工作的申请,积极参加招聘活动,在实践中校验自己的积累和准备。最后,预习或模拟面试。积极利用学校提供的条件,了解就业指导中心提供的用人单位资料信息,强化求职技巧,进行模拟面试等训练,尽可能地在做出较为充分准备的情况下体现自己的能力。

第三节 树立正确的创业价值观

一、创业的含义

创业就是创业者运用自己所掌握的知识和所具备的能力,利用现有的资源,通过个人的努力,在特定的环境中努力创新、寻求机会,从而不断创造价值的过程。

从广义上讲,创业泛指在各个领域开创事业并且在特定领域内造成较大的影响,一般强调关系到国计民生的事业。

从这个意义上讲,创业是中华民族的传统美德。历代开国君臣为建立新的国家而运筹帷幄,斗智斗勇,他们是在创业;汉唐的文治武功是创业;唐宋的休养生息、发展经济也是创业。近代以来,各界有志之士为了救国图存不惜抛头颅、洒热血,在抵抗侵略和反抗独裁统治的伟大斗争中发扬了艰苦卓绝的创业精神,将创业的内涵提升到了一个更高的层次。中国共产党领导中国人民推翻了三座大山,建立了中华人民共和国,创下了史无前例的伟大功业,第一次将人民的利益置于首要位置,使人民当家做了主人。

经济学意义上的创业是指通过利用各种资源,包括人力和资本来创造价值,以产品或服务的形式贡献给消费者,同时自身获取利润并取得发展的过程。创业首先是一个过程,它强调各种要素和各个环节的有效集成;创业需要相关资源,资源是创业的基础;创业的直接结果是产出,产出可以是产品也可以是服务,但都必须是有用的或者说是有使用价值的;创业的直接目的是增值,没有增值过程的创业就没有意义,企业也不可能存活;创业具有发展特性。

二、创业的时代意义

创业是创立基业、创立事业的意思。我国目前经济发展进入转型期,调整结构,鼓励大众创业、万众创新可以解决经济领域的众多难题,因此,提倡创业具有重大的时代意义。

(一)劳动力供大于求的形势需要学生创业

面对我国劳动力总量供大于求、就业压力巨大的现实,大学生除了到已有的企事业单位就业外,国家、地方也都在相关政策下大力提倡毕业生探索自主创业,利用专利技术争取风险投资或政府小额贷款,创办民营公司,承包国有中小企业,或进军高科技、农业和第三产业,为社会创造更多的就业岗位。

(二)发展与变革的时代呼唤学生创业

在知识经济的发展浪潮中,美国的许多学生利用高科技自主创业,成为美国硅谷的中坚力量。

(三)创业能为社会创造巨大的财富,能为社会培养一大批中坚力量

学生创业为社会创造巨大财富和价值的例子不胜枚举。远大中央空调有限公司生产的中央空调已成为国际知名品牌,产品远销欧美各地,每年上缴税金1亿多元,它的创办者张剑、张跃两兄弟就是毕业不久即自主创业的学生。

(四)学生创业挑战传统教育,并促使全新成才现形成

新世纪的学生创业浪潮涌起,对中国传统教育提出了挑战。挑战来自两个方面:一是同学们在创业中出现的问题暴露了传统教育存在的弊端;二是社会和学生对创业的需求要求教育进行及时的改革。

三、在大学生中开展创业教育的意义

了解创业教育的意义,也是理解创业之路在当今社会环境下的毕业走向趋势所在,为大学生成才拓宽思路。

(一)民族伟大复兴需要大批创新型人才

2006年1月9日,胡锦涛同志在全国科学技术大会上发表重要讲话《坚持走中国特色自主创新道路,为建设创新型国家而努力奋斗》,提出"党中央、国务院做出的建设创新型国家的决策,是事关社会主义现代化建设全局的重大战略决策"。

(二)解决就业矛盾需要大量创业型人才

如果大学生在毕业后能够自主创业,或是在经过一段时间的工作锻炼后,在条件成熟的情况下实现自主创业,不仅可以从根本上解决大学生自己的就业问题,而且能为社会衍生出新的就业岗位,可谓一箭双雕。

(三)大学自身使命要求培养独立的人才

大学教育有两大使命,一是为社会培养所需的人,一是为社会培养具有独立人格、独立精神、追求真理、致力于人类发展的人。

(四)创业教育对培养人才具有特殊意义

是不是所有的人都适合创业？当然不是。创业教育只是为创业的人服务的吗？如果把创业教育孤立起来，那么就是纯粹的应用型课程。但是，开设这样一门课程其意义不限于培养出几个创业成功的学生，真正的意义在于塑造一种精神与气质，为大学生提供一种关注品质塑造的教育，同时提升他们的综合素质与能力。

四、在校大学生创业常存在的误区

误区一：眼高手低。由于醉心比尔·盖茨式的神话，IT业、高科技业成为大学生眼中的创业金矿，以至于不屑于从事服务业或技术含量较低的行业。

误区二：纸上谈兵。缺乏经验是目前大学生创业过程中普遍存在的问题，不少大学生创业者不习惯对其产品或项目做市场调查，而是进行理想化的推断。

误区三：单打独斗。在强调团队合作的今天，创业者想靠单打独斗获得成功的概率是较低的。

五、在校大学生创业的优势与劣势

(一)大学生创业的优势

具有专科、本科或研究生程度的文化水平,对事物较有领悟力,有些东西一点即通；
自主学习知识的能力强,许多专科学生具有一技之长；
接受新鲜事物快,甚至是潮流的引领者；
思维普遍活跃,不管是敢不敢于,至少是敢想；
运用IT技术能力强,能够在互联网上搜寻到许多有效信息；
自信心较足,对认准的事情有激情去做；
年纪轻,精力旺盛,故有"年轻是最大的资本"之说；
没有成家的大学生暂无家庭负担,其创业很可能获得家庭或家族的支持。

(二)大学生创业的劣势

缺乏社会经验和职业经历,尤其缺乏人际关系网络和商业网络；
缺乏真正有商业前景的创业项目,许多创业点子经不起市场的考验；
缺乏商业信用,在校大学生信用档案与社会没有接轨,导致融资借贷困难重重；
喜欢纸上谈兵,创业设想大而无当,市场预测普遍过于乐观；
眼高手低,好高骛远,看不起蝇头小利,往往大谈"第一桶金",不谈赚"第一分钱"；
独立人格没有完全形成,缺乏对社会和个人的责任感,甚至毕业后有继续依赖父母过日子的想法；
心理承受能力差,遇到挫折就放弃,有的学生在前期听到创业艰难,没有尝试就轻易放弃。

六、创业者的基本素质要求

时代呼唤创业者,环境造就创业者。面临飞速发展的时代和纷繁复杂的环境,创业者必须具备特定的素质。

(一)创业者的心理素质

创业心理素质是指在创业实践过程中对人的心理和行为起调节作用的个性特征。心理素质属意志品质方面,也就是所谓的"情商"。它是人们面对不可知的环境和前途时表现出的一种信念和态度,因为创业的复杂性和不确定性,心理素质在创业的过程中占有举足轻重的地位。

据我国创业教育理论研究的最新成果表明,一般认为对创业活动具有显著影响的创业心理品质主要有六种:独立性、敢为性、坚韧性、克制性、适应性、合作性。

1. 独立性与合作性。独立性与合作性是相反相成的两种心理品质。独立性是指思维和行为很少受外界和他人的影响,能够独立思考、判断、选择行动的心理品质。而合作性是指能设身处地为他人着想,善于理解对方、体谅对方,善于合作共事的心理品质。它们相互作用,相互制约,在创业实践活动中发挥重要的调节作用。

2. 敢为性与克制性。敢为性是指有果断的魄力,敢于行动、敢冒风险并敢于承担行为后果的心理品质。克制性是能自觉地调节和控制自己的情绪和感情,约束自己的行为,克服冲动的心理品质。敢为性与克制性是又一组相反相成的心理品质,在创业活动中交互作用,相互制约,起着重要的调节作用。

3. 坚韧性与适应性。坚韧性和适应性是两种相辅相成的心理品质。坚韧性是指为达到某一目的,坚持不懈、不屈不挠并能够承担挫折和失败的心理品质。适应性是指能及时适应外界环境和条件的变化,灵活地进行自我调整、自我转换的心理品质。它们相互影响,交互作用,在创业实践活动中发挥重要的调节作用。

(二)创业者的决断素质

实施创业的第一步就是找准方向、严密论证,进而做出战略决策。创业环境当中,政治的、经济的、文化的各种要素相互联系、错综复杂,任何方案都不是完备和确定的,这就需要创业者具有全局性的战略眼光和决断素质。

(三)创业者的知识水平和管理素质

知识水平是管理和决断的基础,管理素质是使团队进行有效工作的保障。随着知识经济的发展,信息量和知识量以前所未有的速度增长,这使人们成为通才的梦想化为泡影。市场的日益动态化、复杂化,使得管理更加呼唤人性化和个性化。

1. 知识水平。知识经济时代的创业者需要复合型的知识结构,包括两方面的内容:一是指知识的广博性,二是指知识的专业性。

2. 管理素质。管理素质广义上既包括战略决断的素质,又包括日常管理的素质。这里谈谈日常管理的素质。

（1）协调能力：协调能力能够化解创业团队与竞争者之间、创业团队与客户之间的矛盾，能够为创业团队打造良好的形象，能够提高可信度，为合作打好基础。

（2）亲和力：亲和力是一种个人魅力，富有亲和力的创业者可以更好地团结同事和朋友，为交际、协调等带来方便。

（3）交际能力：交际能力包括表达能力和反应能力。表达能力是充分、有效地将自己的观点阐释给对方的能力。

（4）应变能力：应变能力是对客观环境的反应能力，是处事不惊、沉着应对的把握能力。

（5）判断能力：判断是管理和决策的基础。面对复杂多变的环境，如果没有判断力就不可能形成认识。

（四）创业者的学习和反思素质

在知识经济时代，专业知识增长迅猛，管理知识日新月异，不学习只能被淘汰。因此，创业者必须树立活到老学到老的终身学习理念。只有具备在学习过程中掌握获取新知识、拓展新领域的能力，才能以最快的速度适应新的技术和环境。

第四节 大学生心理健康与就业心态调整

面对就业，大学生的心理是复杂多变的。通过几年大学生活，大学生在知识、能力与人格方面有了积极显著的发展，有着强烈的就业意愿和积极的就业动机，但是在就业过程中，又难免出现种种心理矛盾、心理误区和心理障碍。

一般认为大学生就业期的心理问题主要有挫折心理、从众心理、嫉妒心理、羞怯心理、盲目攀比心理、自卑心理、依赖心理等以及其他心理，如注重实惠、坐享其成的心态，过分强调自我价值等。为了帮助广大毕业生更好地认识这些问题，为就业做好心理准备和心理调适，首先从以下几个方面来分析大学生就业时一般存在哪些心理问题。

一、几种不良的求职心态

（一）羞怯心态

在求职现场丢下自荐书就跑，面对招聘者结结巴巴、面红耳赤，这样的人自然很难得到用人单位的赏识。

（二）依赖心理

一些大学生缺乏独立意识，外出总爱拉父母、同学相伴，或一帮学友共同应聘一个单位,希望日后相互照应,这种无主见和无魄力的毕业生只会被用人单位筛除。

(三)依附心理

自己不急于找工作,整天想着攀亲戚朋友的关系,拿钱买个职位,这样买来的职位恐怕难做长久。

(四)乡土心理

这些大学生不愿出远门,只愿在眼前的"一亩三分地"里就业,另有一些人早早登上爱情方舟,毕业后为与另一半留守同一战壕而死守一方。这样的人鼠目寸光,难有作为。

(五)低就心理

与保守心理相反,这些人总觉得竞争激烈,自己技不如人,遂甘拜下风,不敢对自己"明码标价",就想找个"买家"草草卖出。有的毕业生对一些单位开出的不平等协议也闭着眼睛签订,给日后工作带来严重隐患。

(六)造假心理

假学历、假证书、假荣誉,并非敲开就业大门的救命稻草,假的终究长久不了,反而只会误了自己名声,毁了自己前程。

二、求职过程中出现的心理问题及矫治

(一)焦虑心理

当前激烈的就业竞争环境给大学生带来了较大的心理压力。面对职业选择,或只求好单位;或希望尽快落实就业单位,急于求成;或心存侥幸,幻想不付出努力而获得称心的工作。不少大学毕业生时常焦躁、忧虑、困惑、恐慌等,这是典型的焦虑心理。

(二)失落心理

现实就业岗位大多不像大学生想象的那么美好,因此当发现现实与理想的差距较大时,总会引发大学生的挫败感、失落感。

(三)矛盾心理

大学毕业生在求职择业的过程中,面临着各种心理冲突,因而产生种种矛盾的心理:希望自主择业,但又不愿意承担风险;渴望竞争,又缺乏竞争的勇气;胸怀远大理想,却不愿正视眼前现实;重事业、重才智的发展,但又在实际价值取向上重物质、重利益;对自我抱有较足的信心,但在遇到挫折之后,又容易自卑;既崇尚个人奋斗、自我价值实现,又有较强的依赖性等。

(四)自负心理

有的大学毕业生在择业过程中自我评价过高,择业条件苛刻,形成自负心理。有的大学生好高骛远,眼高手低,给用人单位留下浮躁、不踏实的印象。在应试中夸夸其谈,东拉西扯,甚至故意卖弄,给用人单位留下不可靠、做事不沉稳的负面印象。

三、树立健康心态,增强就业信心

大学生就业是其人生发展中的一次重大转折,为了适应职业需要,大学生除了应做好就业知识和能力方面的准备、职业道德准备,还应有充分的心理准备,调整好择业心态,勇敢地迎接就业挑战。

(一)树立积极、负责任的心态

人生是一个整体,是一个连续变化的过程,找工作只是其中一个必经环节,跨越过去,后面还有无数的艰难险阻。真正的人生才刚刚开始,有的人却可悲地把它当成是冲刺:就像在沙漠里爬沙丘,好不容易冲到了丘顶,却发现原来沙丘的后面是无数个沙丘。

人活在社会里,是要背负责任的,这个责任与生俱来,不可推卸。如果努力了没有达到,只能说谋事在人、成事在天;但是如果还没有努力就放弃了,那就是对社会、家庭和自己最大的不尊重。

(二)要增强就业信心

理由如下:

第一,党和政府极其关心大学生就业;

第二,经济发展势不可挡;

第三,政策环境更加宽松、有力;

第四,学校重视,做了周密计划和安排。

有的大学生觉得,如今工作难找,工资还不如农民工高,对就业失去了信心,如何看待这种现象呢?

应届大学生没有经验,期望值又高,对工作条件要求高,有时工作反而不如农民工好找。但随着经验的积累,大学生的工资很快会超过农民工,特别是在长江三角洲地区,在产业升级换代的时代,人才是最宝贵的资产。农民工的工作是有今天不一定有明天,替代性很强;大学生今天的吃苦受累很快会为明天的晋升打下基础。

有时人需要进行一些积极的自我暗示,不妨学学阿Q的精神胜利法。正如冯巩在相声里所说:"我就跟潘长江比个大,跟帕瓦罗蒂比劈叉,跟陈佩斯比美发,跟美国总统布什比说中国话。"

第四章 当代大学生就业指导

第一节 大学与大学生活

一、大学教会我们什么

(一)学会学习

大学是什么?清华大学前校长梅贻琦在就职演说中说过这样一句话:"所谓大学者,非谓有大楼之谓也,有大师之谓也。"

北大前校长蔡元培先生在《北大学刊》发刊词中写道:"大学者,囊括大典、网罗众家之学府也。""大学者,研究高深学问者也。"

剑桥大学校长曾说:"大学是追求真理的,应该是社会正义、良知、道义之所在。要培养独立的大学精神,营造自由的学术氛围。不为眼前利益所驱动,应成为一流大学共同的精神品质。"

1996年,国际21世纪教育委员会向联合国教科文组织提交了一份名为《教育——财富蕴藏其中》的报告,这份报告提出21世纪的教育要围绕四个方面来组织,也被誉为当代教育的"四大支柱"。

1.学会认知(Learning to know)。目的是使学生学会如何学习,即掌握认知的手段,而不在于知识本身。

2.学会做事(Learning to do)。即学会应用所获得的知识技能去分析和解决实际问题的能力。这种实践能力实际上还和具有创新意识与精神、勇于克服困难、善于同他人协作等心理品质联系在一起,是一种综合能力。

3.学会共同生活(Learning to live together)。使学生学会设身处地去理解他人,从而消除彼此间的隔阂、偏见与敌对情绪,和周围人群友好相处,培育团结合作的精神。

4.学会生存(Learning to be)。为适应社会的迅速变革与发展,应使学生学会掌握自己命运所需的基本能力,即思考、判断、想象、表达、情绪控制和社会交往等方面的能力。这些能力既是个人为完善自身的个性所需要的,也是作为社会成员发挥自主性和首创精神进行革新与创造的保证。

(二)学会做人

1. 积极融入集体。
2. 快乐自信地学习、生活。
3. 树立正确的友情观和爱情观。

(三)学会生存

1. 锻炼身体,健全体格。
2. 完善人格,健全品质。
3. 身心合一,健全思想。

(四)学会做事

1. 学会从小事做起。
2. 用心做好每一件事。
3. 诚实守信、励学敦行。

二、大学生活:为未来的职业生涯做好准备

(一)什么是专业

一般而言,我国现行高校教育中所指的专业主要是指根据学科分类和社会职业分工的需要,分门别类地进行高深专门知识教学活动的基本单位。按照专业设置组织教学,进行专业训练,培养专门人才是现代高等教育的重要职能之一。

专业的形成有其内在规律。一方面,社会分工的需要是专业的生命之源;另一方面,自然科学和社会科学的分化与综合以及高等教育自身的发展推动了专业的形成。古希腊哲学家亚里士多德首次对人类知识进行了系统的学科分类,专业的概念初现端倪。

首先,专业学习是大学学业最重要的组成部分。其次,扎实的学业是为未来的就业、创新创业开辟道路。

(二)怎样选择专业

第一,大学生要根据自身性格、兴趣爱好和学科专长来对自我做出精确研判;

第二,了解所选专业的内涵与外延;

第三,根据经济社会发展需要,结合自身禀赋,理性做出抉择。

(三)专业与职业的关系

首先,选择适合自己的专业有利于未来的职业发展;

其次,专业不完全决定职业,当前中国经济社会发展让大学生有了充分的就业创业自主权;再次,宽厚扎实的专业基础知识学习和较强的综合素质实乃职业发展之本;

最后,精深的专业知识是职业发展的核心竞争力所在。

三、大学毕业生的毕业去向解析

党的十八大报告指出:"实现更高质量的就业[①]。就业是民生之本。要贯彻劳动者自主就业、市场调节就业、政府促进就业和鼓励创业的方针,实施就业优先战略和更加积极的就业政策。引导劳动者转变就业观念,鼓励多渠道多形式就业,促进创业带动就业,做好以高校大学生为重点的青年就业工作和农村转移劳动力、城镇困难人员、退役军人就业工作。"

国务院关于高等学校大学生就业工作也下发过一系列的通知,各个高校根据党和政府的相关政策法规切实加强就业服务,千方百计促进大学生顺利就业、创新、创业。

(一)就业主渠道:民营企业

目前,70%的大学毕业生选择在民营企业就业,民营企业已成为大学生就业的主要渠道。民营企业具有体制灵活、市场反应快的特点,竞争力很强。民营企业不断发展壮大,必将成为未来迎战跨国企业的强有力的生力军。

(二)就业"金饭碗":公务员

如何让公务员考试保持一个合理热度,需要国家的政策导向。随着现行国家公务员制度的不断完善和中国经济社会发展的整体进步,劳动者对公务员的选择会越来越理性与客观。

(三)扎根基层

面向城乡基层、中西部地区以及民族地区和艰苦边远地区就业。

(四)自我突破:自主创业

鼓励和支持高校毕业生自主创业的政策措施:
1. 鼓励高校积极开展创业教育与实践活动。
2. 税费减免与小额贷款。
3. 创业服务。
4. 鼓励、支持高校毕业生灵活就业。

第二节 大学生的求职路径

随着改革开放的愈加深入,高校毕业生的就业途径及流向越来越多元,并且呈现出多层次、多渠道、多方位的特点。下面主要介绍几种求职路径。

---

①田卓妮. 职业指导推动实现更高质量就业的研究[J]. 成才之路,2016,1:50-51.

一、学校推荐

学校推荐,即通过学校就业指导中心或学生工作处或院、系等部门推荐就业岗位。几乎所有的学校都安排专门人员负责毕业生的推荐工作。一是学生的就业状况从侧面反映了学校的教学水平,教学水平高的学校,其毕业生也比较容易受到用人单位的欢迎;反之,一个学校的毕业生在社会上供不应求,也能在一定程度上反映这个学校的办学质量,因此学校对此非常重视。二是许多用人单位还是习惯直接与各个高校或是学校教学单位联系用人事宜,特别是小规模的招聘,一般都到学校进行了解和宣传。这种招聘要求一定程度的专业对口,所以对专业性较强的毕业生来说,是一个重要的就业机会。然而,部分毕业生往往忽视这一点,导致信息错失。因此,毕业生应经常到学校就业指导中心或院、系办公室了解就业信息,主动与院、系负责学生工作的老师保持联系,以便利用此方法轻松获取就业机会。

值得一提的是,毕业生更应积极关注校园招聘会,因为校园招聘会往往最贴近大学生。一是没有歧视,人人平等。只要有能力,就会有机会。现在职场上一些企业、公司持"唯名牌论人才"的观念,他们的眼中只有名校的毕业生,对一般高校的毕业生往往不屑一顾。而校园招聘会则不会出现这样的情况,他们看中的是这所学校的学生与其需求之间的一致性。二是省时省力,命中率高。毕业生往往花费大量的时间、金钱去参加招聘会,由于针对性不是很强,参加几场招聘会一无所获已经成为惯例。而校园招聘会上的企业往往是看中了该校某些专业的人才,他们将招聘的目标锁定在这所学校的这些人才,因此,求职的命中率比社会招聘会高得多。三是可信度高,值得信赖。在学校招聘,企业往往都要经过校方层层审核后方可入校招聘,因而这些单位往往比较可靠。有的学校还会向毕业生公布招聘单位的详细背景、招聘要求、福利待遇、薪酬水准等,让学生在求职前就对这些单位有较为真实的了解,能按照自己的要求去选择合适的企业。

二、社会各级人才市场

国家政策指导毕业生"自主择业"是我国高校毕业生就业工作的目标。随着市场经济的深入发展和劳动人事制度的进一步改革,社会上各级各类人才市场、中介机构如雨后春笋般地涌现出来,同时毕业生择业的自主权越来越大。因此,通过人才中介的方式实现就业,也是毕业生求职就业的重要途径。在人才市场上,毕业生不仅可以了解到各类不同的用人单位和具体职位信息,寻求面试锻炼的机会,掌握面试的技能,增强面试的自信心,也能为今后的求职转岗积累经验。它为毕业生求职提供的有利因素是信息量大,就业机会多,交流直接,服务便利。但这些招聘会的用人单位多以招聘有工作经验的人才为主,招聘对象也包括很多低层次的劳动力。即使号称是毕业生专场,仍可能混杂有一些并不招应届生或借机做宣传充门面的单位。而且有的招聘会以盈利为主要目的,在组织管理、安全保卫等工作方面都有欠缺。毕业生可以通过参加这类招聘会来了解就业行情并就此熟悉社会,即使不能找到心仪的单位,也能够丰富自己的经验,把求职当成对自己的历练。

三、网络招聘

网络招聘在我国的发展不过几年时间,但异军突起,发展蓬勃,越来越受到用人单位和求职者的青睐,在众多招聘渠道中已逐渐上升到招聘求职最为主流的地位。

与传统的招聘手段相比,网络求职具有几个其他招聘方式所不能企及的优势:其一,信息量大,时效性强。在人才网站,可以随时查询数万条信息,而且信息更新速度快,每天更新的职位都很多,关注招聘网站,能在第一时间掌握用人需求。其二,人性化服务强。招聘网络的搜索引擎分门别类,通过网站可以轻松地对工作类别、地区和需求等条件进行全方位智能查询,快速、准确地查询到所需求的包括行业、职能、工作地点、工资等信息,方便各类各层次的求职者;对于企业的HR们来讲,依托网站强大的人才资源库,也很快就能搜索到自己所需要的人才,动用人力少且又赢得了宝贵的时间。其三,无地域限制。网络空间可以延伸到全国各地乃至全球。无地域限制无疑给求职者创造更多的就业机会。特别是异地求职者,不需要往返奔波,不需亲临现场,即可获得与其他求职者同等竞争的机会。其四,经济实惠。如果通过传统的求职方式,求职与招聘者要花去广告刊登、摊位租用、简历印刷、通信交通等大量费用,而现在只要一次性地将供需信息扫描到计算机里,就可以发给多家网络招聘单位。

当然,除了上述技术手段的优势之外,背后真正决定网络招聘方式生存与发展的关键因素还是求职成功率。通过网络求职成功的比率在近一两年内已迅速提高,调查结果表明,近五成的网络求职者具有网络求职成功的经验,或认为这一方式比较容易成功。

有关调查还显示,已有近三分之一的企业在招聘时采用了网上招聘的形式。但60%以上的企业在招聘过程中往往会选择2-3种方式的组合,以便获取到更多更好的人才信息,尽量为企业选择到最合适的人才。

而上网人数占总人口的比例越来越大,使得互联网比任何一种媒介的影响力都要大,而网络招聘渠道精准化趋势越来越明显。因此,毕业生要高度重视网络招聘。

四、社会实践或实习

大学生社会实践有多种方式,如勤工助学、社会服务、毕业实习等。社会实践实际上是大学生开发就业信息的重要渠道。在社会实践过程中,不仅可以通过自己的努力赢得用人单位的认可,培养社会实践能力,积累社会经验,还可以有意识、有目的地关注行业发展趋势、人才需求状况、具体单位和岗位的用人要求等与大学生就业相关的问题,加强对职场的了解,提升自己的求职意识。

毕业实习是学生正式工作之前非常宝贵、很有价值的就业锻炼经历,通常被视为参加工作的演习,踏入社会的前奏,很多毕业生通过毕业实习实现就地就业。因此,毕业生在选择实习岗位时,注意要以自己欲谋求的职业为标准,并利用实习加深自己所学的知识与技能,即使实习后不能被录用,如果自己的履历表上填上了实习这段历史,将来在毕业后谋职的竞争中也将处于有工作经验的优势地位。

五、人脉

据调查,招聘网站和招聘会两种渠道占招聘总量的80%以上。但还有一种求职方式令人不敢小觑,这就是人脉。人脉是前两种主流招聘方式的有益补充。大学生求职,常看着别人有这样那样的亲戚眼红,其实每个人都会有人脉,关键要自己做一个有心人。比如,本院上一届的学长以及老师、同乡,每个人都有,但很少人认真想过,这些资源能给自己带来哪些机会,为了得到这些机会,我应该付出什么。再比如,每年学校都会举办各种有企业人力资源经理参加的讲座,这个大好的机会,有谁认真把握过?

在一些地方的中小企业,通过人脉招聘甚至会成为企业的主要招聘方式,很多企业的人事经理甚至认为其他招聘方式都不可靠,只有熟人介绍的才靠得住。这当然过分夸大了人脉的作用,比如大企业特别是跨国公司的招聘,通常是有组织有计划的,人脉的作用就相对比较小。但认识这些公司的员工,并对他们的工作情况有大致的了解,然后在面试中亮出来,一定能获得不少加分。因此,我们要做个有心人,在生活、学习、工作中充分积累自己的人脉。

第三节 大学生就业劳动权益保障及其保护

权益是一种法定的利益,是权力与权利的行使而带来的利益之和。大学毕业生是一个特殊的社会群体,当前就业形势十分严峻,企业的用人自主权不断扩大,由于大学生维权意识淡薄、大学生就业保护的法律法规欠缺等原因,大学生的合法权益受到侵犯的现象也逐渐增多。那么毕业生都享有哪些合法权益呢?

一、在择业过程中享有的权利

(一)获取就业信息权

及时获取就业信息是毕业生求职择业成功的前提,只有在充分获取信息的基础上,才能结合自身情况选择适合自己的单位及岗位。

毕业生享有的获取就业信息权包括三方面内容:

1.信息公开,即所有就业信息向全体毕业生公开,学校和个人不得隐瞒、截留需求信息。

2.信息及时,即传递给毕业生的信息必须是及时、有效的。

3.信息全面,毕业生有权获得准确全面的就业信息。

(二)接受就业指导权

接受就业指导与服务是每个毕业生的权利。自2008年1月1日起实施的《就业服务与就业管理规定》第四章中有多款条文对公共就业服务机构的就业指导内容做了规定。毕业生应充分利用该权利,通过学校就业指导中心、公共就业服务机构获得就业指导,帮助自己早日找到适合的职位。

(三)被推荐的权利

学校就业工作中的一个重要职责就是向用人单位推荐毕业生,毕业生享有被推荐权,包含三个方面的内容:①如实推荐,即高校推荐毕业生时应实事求是地向用人单位介绍,不能故意贬低或随意拔高毕业生在校的表现;②公正推荐,学校推荐毕业生时应做到公平、公开、公正,不能厚此薄彼;③优生推荐,学校根据毕业生在校表现,选择推荐优秀的毕业生,激励学生在校努力全面提高各项能力,提高就业竞争力。

(四)自主选择权

根据国家有关规定,高校毕业生在国家就业方针、政策指导下具有自主选择用人单位的权利。只要符合国家的就业方针政策,毕业生就可以自主选择用人单位,学校、其他单位和个人均不得干涉。

(五)公平录用权

根据我国《劳动法》规定,毕业生不分民族、性别、宗教信仰,享有平等的就业权利。用人单位在录用毕业生时应公平、公正,一视同仁。公平录用权是毕业生最需要得到维护的权益。

(六)违约求偿权

毕业生、用人单位、学校三方签订就业协议后,任何一方不得擅自毁约。如果用人单位擅自毁约,毕业生有权要求对方严格履行就业协议,否则毕业生有权要求用人单位进行违约赔偿。

二、进入职场试用期的基本权益

试用期,顾名思义就是劳动关系的试验阶段。试用期是用人单位和劳动者为了相互了解而相互约定的考察期。在这段时间内,用人单位考察员工的工作能力,员工也考察用人单位的情况,是双方互相试用的过程。

试用期劳动者的权益受法律保护,劳动者不能因为试用就放弃自己的合法权益。劳动者在试用期间的主要权利有以下几种。

(一)要求用人单位履行就业协议接收毕业生的权利

就业协议书是明确毕业生、用人单位和学校毕业生就业工作中权利和义务的书面表现形式,是编制毕业生就业计划和对将来可能发生的违约情况进行是非判断的依据,具有法律效力,一经签订就应严格履行,不得无故更改。用人单位必须依照协议书接收毕业生,并为其妥善安排工作岗位,保证毕业生的正常工作。

(二)签订正式的劳动合同的权利

有的用人单位认为只要不与劳动者签订劳动合同,就可以不受劳动法律的约束,在辞退劳动者时较为便利,并且不必给予经济补偿,于是频繁地辞退试用员工就成为他们的一种用工手段。为了达到这些目的,他们往往以试用为名,不与劳动者签订劳动合同,或者只签订一份所谓的试用期合同,许诺等试用合格后再签订正式劳动合同。对此,劳动者应该学会依法维护自己的合法权益。《劳动法》规定:"劳动合同是劳动者与用人单位确定劳动关系、明确双方权利和义务的协议。建立劳动关系应当订立劳动合同。"用人单位聘用劳动者后不签订劳动合同是违反法律规定的。而许多劳动者不清楚的是,即使没有签订劳动合同,根据劳动部的规定:"中国境内的企业、个体经济组织与劳动者之间,只要形成劳动关系,即劳动者事实上已成为企业、个体经济组织的成员,并且为其提供有偿劳动,适用劳动法。"并且,用人单位故意拖延不签订劳动合同,对劳动者造成损害的,应当赔偿劳动者损失。

(三)获得劳动报酬的权利

在试用期间,由于工作熟练程度、技能水平与其他人相比可能有差距,因此表现在工资水平上有差别,但只要劳动者在法定工作时间内提供了正常劳动,用人单位就应当支付其工资。

有的用人单位在招工时就声明,试用期不发工资,只有试用期满且双方签订了正式劳动合同后才有工资,这是违反劳动法的。遇到这种情况,当事人可向劳动监察部门反映。试用期间的工资标准与正式上岗后的工资标准相比,一般都比较低,但是低也要有个标准,劳动法规定最低也不应低于当地的最低工资标准。具体某个工种当地的最低工资标准数是多少,可到当地劳动保障部门去查询。在这个最低工资标准之上,劳动者与用人单位可以协商确定。

(四)享有社会保险的权利

劳动者在试用期间,与其他劳动合同制职工一样,用人单位应当依法为其办理社会保险手续,为其缴纳社会保险费。

(五)享有劳动保护的权利

用人单位应当为劳动者提供必要的劳动防护用品和劳动保护设施,防止事故,减少危害。

(六)解除劳动合同的权利

在试用期间,劳动者可以随时通知用人单位解除劳动合同,不需要任何附加条件。用人单位不得要求劳动者支付职业技能培训费用,还应按劳动者的实际工作天数支付工资。

试用期企业须有理由才能辞退员工,员工可无理由走人。《劳动法》规定在试用期内,用人单位必须有证据证明劳动者不符合录用条件时,才能辞退。而员工只要"通知"单位,就可以解除劳动合同,无须提供任何理由。合同签订后,用人单位不能随意解除。

三、就业义务

毕业生在享有国家规定的权利的同时,还必须履行一定的义务。

(一)执行国家就业方针政策的义务

按照国家任务招收的各类毕业生,应服从国家需要,在宏观政策指导下自主择业。

(二)履行特定的义务

如家庭经济困难申领贷学金的学生,毕业后有按期归还贷款的义务。

(三)如实推荐自己的义务

毕业生在填写推荐表、自荐信,向用人单位介绍自己时,必须实事求是,不得弄虚作假。只有如实介绍自己的情况,才能赢得单位的尊重。

(四)履行就业协议的义务

三方就业协议属于我国民法调解的范畴,要求主体之间在履行合约时应遵循诚实守信、公平公正的原则,任何一方不得无故违约。毕业生一经签订就业协议,就不能随便违约。只有当约定的解决协议条件成立时,或不可抗力作用出现时,毕业生才可以单方解除协议。

(五)按时到工作单位报到的义务

教育部1997年颁布的《普通高等学校毕业生就业暂行规定》要求,毕业生办理完就业派遣手续后,应持报到证按时到单位报到。如自派遣之日起,无正当理由超过三个月不到单位报到的,由学校报上级主管部门,不再负责其就业,按社会待业人员处理。

(六)遵守学校有关规定的义务

文明离校,办理相关离校手续,如归还公物、清偿债务等、

四、几种主要试用期侵权类型

试用期是一个敏感阶段,应聘的毕业生虽已踏进用人单位,但在成为正式员工前总惴惴不安,生怕失去眼前的工作,所以对用人单位总是百依百顺,答应一切要求。一些用人单位也摸透了毕业生的这种心理,借机牟取非法利益。用人单位的侵权行为主要有以下几种。

(一)试用期不签合同,你先来干活,试用期合格,马上和你订合同

试用期原本是用人单位与劳动者为相互了解对方而约定的考察期,然而却成了很多

用人单位降低人工成本、使用廉价劳动力的一个堂而皇之的借口。部分用人单位在试用期不与毕业生签订劳动合同,在试用期满后以各种理由辞退应聘者,这在现实中最为普遍。用人单位对劳动者先试用,试用满意的,再订立劳动合同,将试用期合格作为订立劳动合同的前提。这使应聘的毕业生白白付出大量的时间精力,也错过最佳就业期,造成很大损失。

我国《劳动合同法》规定,"建立劳动关系,应当订立书面劳动合同","劳动合同期限三个月以上不满一年的,试用期不得超过一个月;劳动合同期限一年以上不满三年的,试用期不得超过两个月;三年以上固定期限和无固定期限的劳动合同,试用期不得超过六个月。同一用人单位与同一劳动者只能约定一次试用期"。这些规定,将有效地约束用人单位滥用试用期的行为。

(二)在试用期不合格,不要你了,只试用却不录用

这是用人单位辞退职工时最常说的话。仅仅一句"不合格",就把职工打发了。劳动者勤勤恳恳地在用人单位工作,眼看试用期将满,没有收到转正通知,却得到因不符合录用条件而被辞退的消息。这种情况在毕业生就业时也十分多见,也是用人单位不合法的用工方式。

根据有关规定,"劳动者在试用期间被证明不符合录用条件的,用人单位可以解除劳动合同",但这并不意味着用人单位可以在试用期内随意辞退劳动者。用人单位可解除劳动合同的条件是必须证明劳动者在试用期间不符合录用条件,如果用人单位没有证据证明劳动者在试用期间不符合录用条件,就不能解除劳动合同;否则,需承担因违法解除劳动合同所带来的一切法律后果。

当然,在试用期间,用人单位有解除劳动合同的权利。根据有关规定,"在试用期间被证明不符合录用条件的",用人单位可以解除劳动合同。这里有两点需要注意:首先是"在试用期间",对在试用期间不符合录用条件的劳动者,用人单位可以解除劳动合同;若超过试用期,则用人单位不能以试用期间不符合录用条件为由解除劳动合同。其次是"不符合录用条件",录用条件应当是经公布、为用人单位和劳动者所共知的。劳动者在试用期间未被证明不符合录用条件的,用人单位不得单方面解除劳动合同。

(三)把"试用期"变成了"剥削期",超低工资

以前很多毕业生对劳动法律法规不了解,以为试用期就应该拿低工资或者没有劳动报酬,这是一种误解。基于劳动关系的劳动应当得到相应的劳动报酬,根据有关规定,"劳动者在试用期的工资不得低于本单位相同岗位最低档工资或者劳动合同约定工资的百分之八十,并不得低于用人单位所在地的最低工资标准",毕业生可以依法取得自己在试用期间应得的劳动报酬。

(四)用高工资代替社会保险费

例如,马先生应聘到一家软件开发公司担任副总经理职务。当时,董事会给他定的

工资为11000元/月。工资定得高,是因为除了工资以外,再没有其他社会保险和福利待遇了,如医药费报销、养老等都得自己解决,公司概不负责。

《劳动法》规定社会保险是强制性的,企业和劳动者必须依法参加。不管工资有多高,用人单位和个人都应当按规定缴纳社会保险费,该公司以高薪来取代职工的社会保险费,是违反法律规定的。

(五)社保缴费基数"一刀切"

例如,王某月薪3000元,可是工资条上扣的养老保险费却只有几十元钱。王某担心单位代扣自己的养老保险费少,是不是表明单位给自己交的那部分也少了呢?退休以后拿的养老金是不是也会少了呢?

王某的担心很有道理。一些企业不按规定的缴费基数为劳动者缴纳社会保险费,只按全市规定的最低标准缴纳社会保险费,严重侵害了劳动者的合法权益,给这些劳动者今后享受社会保险待遇埋下了隐患。社会保险的缴费基数是由缴费劳动者的上年工资总额确定的。

(六)收取押金资金担保

劳动法规定,聘用单位与受聘人员订立聘用合同时,不得收取任何形式的抵押金、抵押物或者其他财物。可酌情提供担保人。用人单位要求新入职员工试用期提供担保,可能有两种形式,一种是以收取保证金(物)的形式,一种是以提供担保人,要求其承担担保责任的形式。第一种是我国劳动法明令禁止的;第二种是要求提供担保人来承担连带责任,在我国没有法律做出过明文的允许或禁止规定,劳动者可以本着自愿的原则提供。

(七)制造劳动者自动辞职或离职

根据有关规定,用人单位解除劳动合同的,应按照劳动者的工作年限,每满1年发给劳动者相当于1个月工资的经济补偿金,最多不超过12个月。但如果是劳动者个人主动辞职的,用人单位可以不支付经济补偿金。因此,某些用人单位为了逃避向劳动者支付经济补偿金,就想尽办法强迫或误导劳动者填写辞职表,创造劳动者自愿辞职的假象。

例如,赵小姐在一家公司兢兢业业工作了两年,一直没有签订劳动合同。有一天却突然被公司没有任何理由地口头宣布辞退,两天后,被辞退在家的赵小姐看到报纸上登载出这家公司的公告,说赵小姐因两天未上班,公司按自动离职处理。气愤的赵小姐欲申请劳动仲裁机关进行裁决,却提不出有利于自己的证据。现实生活中,这种劳动者合法权益被侵害的现象时有发生。

五、就业权益保护的途径与方法

看了前面的侵权类型和案例,同学们对就业侵权已经有了一定的认识,一旦出现类似的侵权事件,能够及早意识到问题并拿起法律武器维权。毕业生可通过哪些途径维护自己的合法权益呢?

（一）毕业生就业权益获得保护的几条途径

1.毕业生就业主管部门的保护。各省毕业生就业主管部门都有相应的规范来确定毕业生的权益，并对侵犯毕业生权益的行为以抵制或处理。例如，《上海市高校毕业生就业信息登记制度具体实施办法》规定：对不履行就业信息公开登记手续，侵犯毕业生获取信息权的，市高校毕业生就业办公室不予审批非上海生源高校毕业生进沪就业；不予审批就业计划和打印就业派遣报到证；同时对这种情况给予通报批评，严重者将取消其录用毕业生的资格。

2.高校的保护。学校对毕业生权益的保护最为直接，通过制定各项措施来规范毕业生就业指导和就业推荐，对于用人单位在录用毕业生过程中的不公平、不公正行为，学校有权予以抵制以维护毕业生公平受录用权。对于用人单位与毕业生签订不符合有关规定的就业协议，学校有权不予同意，未经学校同意的就业协议不发生法律效力，不能作为编制就业计划的依据。

3.毕业生自我保护。毕业生权益保护的一个重要方面就是毕业生自我保护，毕业生自我保护体现在以下几个方面：

一是毕业生应了解目前国家关于毕业生就业的有关方针、政策和规范以及它们之间的关系，熟悉毕业生在就业过程中的权利和义务，这是毕业生权益自我保护的前提。如果在就业过程中因为所谓的公司规定或部门规定与国家政策法规有抵触，侵犯了自己的权益，则可以依据法规办事，维护自己的合法权益。

二是毕业生应自觉遵循有关就业规范，接受其制约，保证自己的就业行为不违反就业规范，不侵犯其他毕业生的合法权益。毕业生如有下列情形之一，由学校报地方主管毕业生调配部门批准，不再负责其就业：①不顾国家需要，坚持个人无理要求，经多方教育仍拒不改正；②自派遣之日起，无正当理由超过三个月不去就业单位报到的；③报到后拒不服从安排或因无理要求被用人单位退回的；④其他违反毕业生就业规定的。

三是在用人单位接收毕业生的过程当中，毕业生也应对自身权益进行自我保护。

例如，按照国家规定，毕业生在报到后应享受正常的福利待遇，如养老金、公积金等；对某些工作岗位的特殊体质要求，用人单位应在与毕业生双向选择时就明确，否则不得以单位体检不合格为由，如仅仅是肝功能表面抗原阳性等，将学生退回学校；另外，正常的人才流动也应根据国家和当地的有关人才流动规定，不应受到限制；报到后毕业生发生疾病不能坚持正常工作的，则按单位在职人员有关规定处理，不能退回学校。毕业生应对自己的权利有正确认识。

四是毕业生应学会运用法律手段维护自身的合法权益。针对侵犯自身就业权益的行为，毕业生有权向用人单位上级主管部门和学校进行申诉并听取他们的处理意见，同时也可提交给当地的劳动争议仲裁机构进行调解和仲裁，也可以直接向人民法院提起诉讼。

(二)就业协议争议和劳动争议的解决方法

毕业生享有的权益,要通过与用人单位签订就业协议书和劳动合同进行确立,这也是毕业生权益受到侵害时寻求保护的法律依据。

1.就业协议争议的解决。

(1)就业协议违约:毕业生违约表现:先与一个单位签约,等找到更理想的单位时,与前者违约,选择后者;已报考专升本或公务员等待录取的毕业生,仍与用人单位签约,并不向用人单位说明,导致最终无法履约;大学生私下转让就业协议书,导致与儿家单位签约;领取报到证后不按时报到;向用人单位提供虚假信息,不符合单位用人条件的。

用人单位违约表现:毕业生报到时,单位在没有任何事实依据和法律依据的情况下,拒绝接收毕业生;提供虚假信息,误导毕业生与之签约;为约束毕业生而收取各种不合理费用;违反法律法规,侵害毕业生的合法权益。

(2)违约责任:《高校毕业生就业协议书》一经毕业生、用人单位、学校签署,即具有法律效力,任何一方不得擅自解除,否则违约方应向权利受损方支付协议条款所规定的违约金,承担违约责任。从实际情况来看,出现违约问题的多为毕业生或用人单位。

2.劳动争议的解决。劳动争议是指劳动关系当事人之间因劳动的权利与义务发生分歧而引起的争议,又称劳动纠纷。

(1)劳动争议的范围:劳动争议的范围,在不同的国家有不同的规定。根据我国《劳动争议调解仲裁法》第2条规定,劳动争议的范围是:因确认劳动关系发生的争议;因订立、履行、变更、解除和终止劳动合同发生的争议;因除名、辞退和辞职、离职发生的争议;因工作时间、休息休假、社会保险、福利、培训以及劳动保护发生的争议;因劳动报酬、工伤医疗费、经济补偿或者赔偿金等发生的争议;法律、法规规定的其他劳动争议。

(2)劳动争议的解决途径:《中华人民共和国劳动争议调解仲裁法》关于劳动争议的解决有如下规定:

解决劳动争议,应当根据事实,遵循合法、公正、及时、着重调解的原则,依法保护当事人的合法权益。

发生劳动争议,劳动者可以与用人单位协商,也可以请工会或者第三方共同与用人单位协商,达成和解协议。

发生劳动争议,当事人不愿协商、协商不成或者达成和解协议后不履行的,可以向调解组织申请调解;不愿调解、调解不成或者达成调解协议后不履行的,可以向劳动争议仲裁委员会申请仲裁;对仲裁裁决不服的,除本法另有规定的外,可以向人民法院提起诉讼。

根据《中华人民共和国劳动争议调解仲裁法》,劳动争议解决可以通过协商、调解、仲裁、诉讼四种途径解决。

发生劳动争议时要注意保存主要证据:首先是劳动合同;其次是员工手册以及其他证据,如解聘函、工资签收单、病假证明、医生处方等。

第五章 当代大学生就业程序

第一节 大学毕业生就业程序

随着我国高校毕业生就业制度的不断完善,毕业生就业工作已经成为一项常年性的工作,各级毕业生就业工作管理部门和用人单位都形成了一套完整的工作程序。毕业生在求职之前充分了解这些程序,这有助于节约求职成本,避免造成人力、财力、时间的浪费,从而实现顺利就业。

一、就业管理部门的工作程序

大学生就业管理机构大致由三部分组成:我国毕业生就业工作的最高管理部门是中华人民共和国教育部,负责制定全国毕业生就业的相关政策;各省、自治区、直辖市和中央有关部委毕业生就业工作主管部门按照"属地负责"的原则负责属地内所有高校毕业生就业工作;各高等院校的毕业生就业工作主管部门负责本院校毕业生的就业工作。近年来,各高校陆续成立了集管理和服务于一体的毕业生就业指导中心来负责本校的毕业生就业工作。

(一)各级政府就业管理部门的职能及工作程序

1.教育部根据国民经济发展和国家建设情况,确定年度就业工作意见,制定相应的就业政策。各省、自治区、直辖市和中央有关部委根据文件精神制定本地区、本部门所属高校毕业生就业工作的具体意见,并组织各级各类的毕业生就业市场。

2.教育部及各地区在每年10月份左右,向社会上的用人单位提供下一年度毕业生资源情况,包括毕业生所在学校、所学专业、来源地区及毕业生人数等。

3.各地区、各部门和各高校在每年11月下旬至下一年的3月份,采取多种形式,召开毕业生"供需见面,双向选择"会,或开放毕业生就业常设市场和网上市场,进行招聘活动,为毕业生求职择业提供方便。

4.省级毕业生就业主管部门负责毕业生生源信息的审核和毕业生报到证的签发、调整和接收工作。

5.毕业生就业派遣工作结束后,省级毕业生就业主管部门对当地当年毕业生就业情况进行总结,并上报教育部。教育部汇总全国毕业生就业方案和毕业生就业情况上报国务院。

(二)各高校毕业生就业管理部门的工作程序

高校是毕业生就业工作的基层管理部门,它的工作流程与每一名毕业生息息相关,所以毕业生必须了解和掌握。

1.毕业生资格审查。毕业生资格审查指确认和核实每一位毕业生的入学资格,通过审查后才能取得毕业、就业资格。毕业生资格审查的主要内容包括:毕业生生源地、姓名、专业、学制、培养方式等。毕业生资格审查的唯一依据是各省、市、自治区出具的招生计划表,通称"招生三联单"。

每年学校的就业管理部门会要求各院、系上报毕业生生源情况。学校根据生源情况进行审核,然后到所在地教育主管部门进行资格审查。资格审查结束后形成本校的毕业生生源数据库,并形成毕业生生源表。毕业生生源数据库是学校发放各类毕业生就业相关材料的主要依据,而毕业生生源表主要是给用人单位提供生源信息,让用人单位了解本校有多少毕业生,每个专业有多少人,各个专业生源在各省的分布情况,供用人单位在选择毕业生时参考。

2.发布生源信息,收集就业信息。在进行毕业生资格审查的同时,学校还着手制定毕业生的专业介绍。专业介绍从所设专业、培养目标、专业内容、课程设置(专业课、基础课、选修课)、毕业生适应的工作领域、专业前景等方面对应届毕业生的所学专业进行全面介绍。这是向用人单位提供的基础材料,主要是让用人单位对所需要专业的毕业生情况有所了解。学校毕业生就业部门广泛收集就业信息,并积极了解各地区的就业政策,加强与用人单位的联系,建设毕业生就业基地,收集就业信息。

3.发放就业相关资料。学校的毕业生就业部门将向通过毕业生资格审查的毕业生发放《毕业生推荐表》和《全国普通高等学校毕业生就业协议书》(以下简称《就业协议书》)。

《毕业生推荐表》每人一份,是学校对毕业生综合情况的证明。由于毕业生在找工作时尚未毕业,所以《毕业生推荐表》也是证明毕业生身份的有效证件。

《就业协议书》一式三份。签约后,用人单位、学校和毕业生各存一份。它是明确毕业生、用人单位、学校三方在毕业生就业工作中权利和义务的书面表现形式,能解决应届毕业生户籍、档案、保险、公积金等一系列相关问题。

《毕业生推荐表》和《就业协议书》是毕业生就业过程中的重要文件,毕业生要妥善保管,如有遗失,需按有关规定到就业管理部门办理相关手续。

4.对毕业生进行就业指导。各高校的毕业生就业部门将通过就业指导课、就业指导讲座、就业咨询、发放就业资料等形式对毕业生进行就业指导。现在许多高校都开设了就业指导课,大学生一入学,就开始学习职业生涯设计的内容,逐步实现了全程化的就业指导。

5.组织校园招聘会及就业市场。学校的毕业生就业管理部门将在对申请来校的用人单位进行审核后,为其安排举办校园招聘会的时间、地点,并在恰当的时间组织全校规模的就业市场。由于学校的毕业生就业市场针对性较强,是当前毕业生就业的主渠道,毕业生要充分利用这些机会实现就业。

校园招聘会一般从每年的J1月开始,在12月达到高峰。这一时期,用人单位的数量和质量都会达到顶峰,是毕业生就业的黄金季节。次年的3月末到4月初,会出现第二个高峰,这一时期也是毕业生与用人单位签约的高峰时期。

6.制订就业方案。每年5月份开始,学校将根据毕业生与用人单位签订的就业协议制订就业方案。就业方案初步形成后,需要毕业生本人核对并确认。在就业方案形成过程中应遵循以下原则:

(1)有具体单位的毕业生直接派往具体单位。毕业生要认真核对单位名称及单位所在地。

(2)录取研究生和专升本的毕业生不派遣,不发放报到证。

(3)申请档案留校的毕业生在办理相关手续后,暂不派遣,暂不发放报到证。

(4)毕业生出国学习的,派遣到生源地。

(5)定向毕业生原则上一律派回原定向单位,有特殊情况需要改派的,需按学校所在地的教育主管部门的具体政策办理。

(6)没有落实单位的毕业生可以与地方政府的人事代理机构签订就业协议,办理人事代理,报到证发往人事代理机构。

(7)没有落实单位的(申请档案留校的除外)按各省主管就业部门的要求,一律派回生源所在地。

7.就业派遣。学校形成就业方案并上报教育部,经过教育部审核后打印全国普通高校本专科毕业生就业报到证,报到证经所在省市的教育主管部门验印后生效。学校按此方案进行派遣。学校各有关部门根据就业方案办理户口迁移证明、党团关系转移证明等材料。就业方案将存档永久保存。

8.办理离校手续。毕业生档案在毕业生离校后由学生档案管理部门统一以机要的方式寄送到用人单位。毕业生本人无权携带人事档案。毕业生档案材料必须包括:毕业生登记表、学习成绩登记表、奖惩情况、学位授予证明、入党(团)志愿等、毕业生离校的体检结果、报到通知书等。档案是证明毕业生学习经历的重要材料,不可复制。毕业生一定要重视自己的档案,不要随意弃档。

学校的就业工作部门是信息的集散地,是学校与用人单位建立联系与沟通的桥梁和纽带。建议每一位大学生在择业阶段,多留心一下学校的学生就业工作部门设立的公告栏和就业信息网站。毕业生可以通过这两个渠道及时得到用人单位的需求信息、就业招聘活动以及新的就业政策规定等;多到学校的学生就业工作部门走走,看看最近有哪些就业活动和信息。同时,毕业生在求职择业中遇到的问题,也可以在那里得到解决,并能得到相关就业咨询和服务。

二、毕业生的择业程序

(一)收集就业信息

就业信息,是指与就业有关的消息和情况,包括就业政策、就业机构、社会需求、毕业生资源等。在求职过程中,就业信息数量多少与质量高低关系到择业的成败。一个择业者,如果拥有的信息量大、质量高,就业视野就广阔,成功率也会相应提高;反之,择业的范围就会狭小,就要受到一定的限制。随着就业制度的改革,就业信息越来越为求职者所重视。就业信息的获取对职业选择起到举足轻重的作用。

1.政策和法规信息。大学毕业生就业是一项政策性很强的工作,了解国家有关就业政策是大学生求职择业的关键一步。有人形象地把求职择业中不熟悉就业政策的大学毕业生比作是"不懂比赛规则而上场比赛的运动员"。的确,大学毕业生如果不了解国家及有关部门的就业政策盲目地去求职择业,那么可能会事倍功半,事与愿违。

由于近几年大学生就业形势十分严峻,国家和各地方政府先后颁布了一系列有利于大学生就业和鼓励大学生创业的政策和法规,毕业生们必须时刻关注和了解这些信息。

2.当前大学生就业市场的供需信息。包括社会经济发展形势,社会各行业、各类企事业单位经营状况和对毕业生的需求等,尤其要重点了解本校、本专业的社会需求情况以及用人单位对毕业生的基本要求等。

3.用人单位的信息。自己所学专业哪些用人单位需要,需求数量是多少,用人单位的准确名称、地址、所有制性质、隶属关系、生产经营状况、文化背景、发展前景、工作条件、福利待遇、对人才的重视程度以及对毕业生的具体安排使用意图等。

4.就业活动安排信息。召开企业说明会、宣讲会的时间、地点;举办招聘会或供需洽谈会的时间、地点;举办网上市场的网站等。

5.关于择业和创业的经验、教训的信息。

(二)自我分析

1.自身综合素质、能力的自我测评。学习成绩的名次,自己的兴趣、特长、爱好,有何出众的能力(包括潜能)等。

2.分析自己的性格、气质。一个人的性格和气质对所从事的工作有一定的影响,如果能从事与自己的性格、气质相符合的工作,就容易出成绩。可以用一些测试表对自己的性格、气质进行一定的分析。

3.自己在择业过程中具有哪些优势,哪些劣势,应该如何扬长避短。

4.自己想做的和能做的。自己想在哪一方面有所发展,想成为什么样的人。

(三)确立目标

1.就业的地域。在沿海城市就业,还是在内地就业;是留在本地,还是去外地就业;是留在城市,还是下基层。此时,既要考虑是否符合政策规定,同时还要考虑生活习惯及今后的发展等。

2.就业的行业范围。在本专业范围内就业,还是跳出本专业到其他行业就业;是从事本专业范围内的技术工作、管理工作、社会工作,还是从事教学工作、科研工作等。此时,应多想自己的综合素质、能力及兴趣、特长。

3.就业单位选择。是去大企业,还是去小公司或应聘公务员;是选择国有企业,还是选择三资企业或民营企业或选择自主创业等。在这些单位中,有哪些人前来招聘,自己是否符合条件,自己最希望到哪一家企业工作。对于愿从事教育工作的大学生,要考虑选择什么样的高校或什么层次的学校。

择业过程中,会遇到不可预测的变化。但是,事先给自己的择业确定一个比较明确的目标,可以使整个活动有的放矢,有条不紊。不然,就会出现乱打乱撞的盲目被动局面。

(四)准备自荐材料

自荐材料包括:学校推荐表、个人简历、自荐信以及有关的辅助证明材料。这几种材料,虽然单独都能使用,但各自的侧重点不同。自荐信主要表明自己的态度,个人简历主要说明自己过去的经历,证明材料强调自己所取得的成绩,学校推荐表则体现了学校对自己的认可。缺任何一个方面,自荐材料都不够完整。

自荐材料是反映毕业生个人总体情况和综合素质的主要材料,是毕业生与用人单位信息交流的载体,也是用人单位透视大学生的一扇"窗户"和决定是否面试的重要依据,故自荐材料被称为大学生求职择业、赢得面试的"敲门砖"。

(五)参加招聘会

在大学生就业活动中,招聘会或就业市场在用人单位与毕业生之间架起了见面、沟通的桥梁。在招聘会或就业市场上,用人单位与毕业生之间第一次接触,用人单位向毕业生宣传单位发展情况,同时收集众多毕业生的自荐材料(有的单位可能向应聘学生发放登记表);毕业生则在了解用人单位的大致情况后,将自荐材料和登记表交给招聘单位。从某种意义上说,大学生参加招聘会或就业市场,大多数仅完成了一项材料递交工作。当然,也有一些毕业生与用人单位"一见钟情",当场签约。

为提高效率,毕业生可以有选择地去几个招聘会或就业市场,不必"普遍撒网"盲目地"赶场子"。今天去一个招聘会,明天进一次人才市场,这样既浪费时间、精力和财力,效果也不会太好。另外,毕业生还可以将自己的自荐简历通过邮寄或E-mail等方式寄给用人单位,用人单位可以凭借材料进行分析,决定是否通知你参加笔试或面试。

(六)应聘和签约

1.应聘。应聘是指大学生通过各种途径与用人单位招聘人员接触,参加其组织的笔试、面试的一系列过程。应聘主要有两种形式:一是毕业生本人去用人单位参加面试、笔试;二是毕业生到各级就业指导管理部门主办的毕业生招聘会或就业市场应聘。

2.签约。签约,即签订《全国普通高等学校毕业生就业协议书》。当毕业生与用人单位双方经过"双向选择",在相互有一定了解和友好协商的基础上决定互相接纳,达到工作意愿之后,便以就业协议的形式将这种关系确定下来,此即为签约。

签订就业协议是一种法律行为,协议书一经签订,便视为生效合同,具有法律效力。签订就业协议,是确认签约双方权利和义务的必要程序,又是处理就业纠纷的主要依据,毕业生应该正确认识和严肃对待就业协议书,慎重签订就业协议。

3.签约的基本原则。

(1)主体合法原则:主体是否合法,是一个法律行为是否有效的首要条件。签订就业协议是合同行为的一种,当事人必须具备合法的主体资格:对毕业生而言,就是必须要取得毕业资格,如果学生在报到时未取得毕业资格,用人单位可以不予接收而无须承担违约责任;对用人单位而言,用人单位必须具有从事经营或管理活动的资格和能力,并具有为毕业生提供工作岗位的实体,否则,毕业生可解除协议而无须承担违约责任;对高校而言,各院校应根据用人单位的要求如实介绍毕业生的在校表现,也应如实将所掌握的用人单位的信息发布给毕业生。高校在毕业生签订就业协议书过程中进行鉴证、审核、监督、管理、指导和调解争议等。

(2)平等协商原则:就业协议的当事人在签订就业协议时的法律地位是平等的,一方不得将自己的意志强加给另一方。学校也不得采用行政手段要求毕业生到指定单位就业(不包括有特殊情况的毕业生),用人单位也不应在签订协议时要求学生缴纳高数额的风险金、保证金。当事人的权利义务应是一致的。除协议书规定内容外,当事人若有其他约定事项,可在协议书"备注"内容中加以补充确定。

4.签约的程序。签约是在毕业生和用人单位供需见面、双向选择之后达成一致意见的结果。实际工作中,就业协议的签订须经过以下程序:

(1)由毕业生本人在协议书上以文字的形式,明确表达自己同意到选定单位应聘工作的意愿,同时签署本人姓名。

(2)由用人单位人事部门负责人代表单位签署同意接收该毕业生的文字意见,并签字盖章。如果该单位没有人事录用权,则还需要报送其上级主管部门签字盖章,予以批准认可。

(3)毕业生所在院(系)签署意见。

(4)学校毕业生就业主管部门审核并签字盖章,纳入就业方案并将就业协议书反馈到各方手中。

在完成上述程序之后,协议就正式生效,并列入国家就业方案,下达学校和有关部门、地区执行。

现行的高校毕业生就业协议书一式四份,协议签订以后,其中一份由毕业生本人收存;一份送所在院系备案;一份交学校主管部门,作为列入学校就业建议方案的依据;一份交用人单位,作为接收毕业生就业的凭证,并以此做好相应的人事及其他安排。

5.签约时应注意的问题。大学毕业生就业协议明确毕业生、用人单位、学校三方的权利和义务,具有法律约束力,也涉及毕业生的切身利益,因而毕业生在就业签约时应注意以下几个问题,以切实维护自身在就业过程中的合法利益。

(1)了解用人单位的主体资格、客观实际,结合自身现实慎重签约:签订就业协议的当事人必须具备合法的主体资格。一般而言,用人单位必须具有从事各项经营或管理活动的能力,毕业生要明确单位有无录用指标和录用自主权,对无用人自主权的单位,要进一步明确人事关系代理的其他事宜,如委托什么单位管理,是自己办理还是单位统一办理,代理费用问题等。毕业生就业协议书人手一份,只能与一家用人单位签约,学校也会采取各种措施避免"一女二嫁"现象的发生。由于就业市场招聘单位类型多样,不乏鱼目混珠的情况,因此,毕业生在与用人单位签约时理应慎重。在择业前,要正确进行自我分析,要了解自己到底适合从事什么样的工作,要结合自身充分考虑单位的一些客观现实,如所在地、可提供薪资、单位性质以及所属行业等,并仔细通过各种途径了解即将与其签约的用人单位的基本情况。在条件允许的前提下,到单位进行实地考察,同时要事先征求父母和其他有关亲人朋友的意见再做出决定,以避免浪费其他的就业机会和造成一些不必要的损失。

(2)按照规定的程序签约:大学毕业生就业协议书的签订程序一般是毕业生与用人单位双方签好后,再由学校签署意见,之所以这样做,是因为多数学校在整个协议的签订过程中既是签约方又是鉴证方,有利于保护毕业生和用人单位,尤其是毕业生的合法权益。

(3)明确有关条款的内容:现行毕业生就业协议一般由教育部或各省市毕业生就业主管部门规定统一格式,但考虑到单位不尽相同,协议书有"备注"一栏,为双方添加一些附加条款提供便利。毕业生和用人单位要实事求是地填写就业协议书上所列的统一条款,字迹要工整。需要提醒的是,要彼此填写清楚联系方式,以便今后联系;同时,双方可以将经过协商都能接受的一些约定条款,如薪资福利、毕业生就业单位的具体工作部门和岗位、毕业生是否考研或报考公务员以及录取后的处理、违约责任等在"备注"栏注明。特别值得注意的是,当前毕业生中报考专转本、研究生或公务员的比较多,由于存在一定的时间差,有时可能会与就业发生冲突。因此,对于准备,尤其是已经参加过专转本、研究生入学考试的毕业生,应该事先与用人单位就此进行沟通,对如果考取本科或研究生如何处理达成一致意见之后再签订就业协议(最好在协议中对此做出明确约定),以免考取后与已签协议的单位发生纠纷。

(4)就业协议的时间有效性和与劳动合同的衔接:就业协议是我国现行毕业生就业制度下毕业生从学校走上工作岗位的一个过渡凭证。一般情况下,在毕业生和用人单位签订劳动合同后,就业协议自动终止。由于毕业生就业协议签订在先,为避免在日后订立劳动合同时产生纠纷,应尽可能将劳动合同的主要内容体现在就业协议的约定条款中,并明确表示在今后订立劳动合同时应予确认。否则,双方日后就劳动合同有关内容无法达成一致意见且事先无约定时,若毕业生表示不愿在该单位工作,用人单位反过来要毕业生承担违反就业协议的责任。因而,毕业生在就业过程中应就劳动报酬、试用期、住房、服务期限等劳动合同的主要条款与用人单位事先协商,将内容体现在就业协议中,并将协议结果书面化,而不应只作口头约定,避免今后发生纠纷时无证可查。

因此,毕业生与用人单位签订了就业协议不能等同于签订了劳动合同。毕业生与用人单位在签订就业协议之后,还必须签订劳动合同,以保护自己的合法权益。目前的实际情况是毕业生到单位工作后,双方才签订劳动合同。

(5)档案转寄、户口迁移等具体问题:绝大多数毕业生毕业时涉及人事关系从学校转出的问题,加上当前毕业生就业形式的多元化程度越来越高,因此,毕业生在与用人单位签订就业协议,尤其是与本身没有人事权而需要实行人事代理的单位签约时,要了解清楚日后自己人事关系的去向,并将档案转寄地址(户口迁移地址)在协议书相关条款填写清楚,以方便毕业派遣。

6.签约后应注意的问题。

(1)要认真对待学业,结合自己即将从事的工作,"查漏补缺",有针对性地强化学习:少数大学毕业生在和用人单位签订就业协议之后,以为自己的"婆家"已定,便主观上放松要求,课不认真上,毕业设计不认真做,到头来考试不及格,毕业答辩通不过,最终因达不到单位的要求甚至不能正常毕业,被无可奈何地"抛弃"。

(2)要与签约单位保持适当的联系:一方面,要实时了解单位的发展情况,另一方面,要向单位及时反馈自己的现状。

(3)要注意与院系老师和学校就业主管部门保持联系:不要以为自己已经签订就业协议,落实了单位就"万事大吉"。其实签约后要做的事情还很多,尤其是派遣前,学校一般都会请毕业生自己核对就业方案,院系老师也会和毕业生进一步确认档案、组织关系等转接问题,届时要注意学校和院系的相关通知。

(七)报到

毕业生在顺利完成学业并与用人单位签订就业协议之后,应在规定的时间内前往接收单位报到上班。

1.报到需要的材料。

(1)报到证:大学毕业生前往用人单位报到,本、专科毕业生须持全国普通高等学校本专科毕业生就业报到证,毕业研究生须持全国普通高等学校毕业研究生就业报到证。用人单位凭就业报到证办理接收手续和档案、户口关系的迁移接转手续。就业报到证由国家教育部统一印制,各省市就业主管部门依据就业方案签发,就业报到证分上、下两联,上联由毕业生携带到单位报到,下联(白联)由学校负责放入个人档案。就业报到证的主要作用如下:①毕业生到接收单位报到的凭证;②证明持证的毕业生是纳入国家统一招生方案的学生;③办理人事档案、户口迁移等手续的凭证;④毕业生具有毕业资格。

(2)毕业证和学位证:自主择业的毕业生由毕业生本人携带毕业证和学位证,委培、定向毕业生的毕业证和学位证由学校主管部门在毕业生档案中寄送委培、定向单位人事主管部门。

(3)户口关系:自主择业毕业生的户口关系由毕业生学校所在地公安户籍部门依据学校就业主管部门提供的派遣方案统一办理迁移手续,由毕业生自己携带户口迁移证,到接收单位办理转入关系的手续。委培、定向生的户口关系(已转到学校者)由学校主管部门在毕业生档案中寄送委培、定向单位人事主管部门。

(4)档案关系:所有档案材料原则上均不得由毕业生自己携带,而是由毕业生档案具体管理部门(所在院系或学生处)进行认真整理、审核后,在毕业生离校后两周内,按照机要文件的要求,统一寄送到毕业生工作单位所归属的人事档案管理部门。

(5)组织关系:党、团员等组织关系,在离校前到学校党委组织部、团委等相关部门办理迁移手续。并在到单位报到时,按照单位要求到相关部门办理转接手续。

2.报到时间。按照教育部的规定,原则上,高校毕业生的报到期限为派遣后的1个月,具体报到时间要以各单位所规定的时间为准。毕业生应及时与单位联系,明确报到时间,按时报到。

3.可能遇到的问题及处理方法。

(1)报到证遗失或损毁:如果发生了报到证遗失的情况,应及时在当地省级报纸登报挂失,持刊登有遗失声明的报纸向学校主管部门提出书面申请,然后由学校主管部门上报上级主管部门予以补发。

(2)报到时接收单位拒收:毕业生与用人单位签约具有法律效力,双方均有义务遵守。但是,如果由于用人单位发生严重变故,如企业破产、削减编制、转产等原因而无法继续接收毕业生时,则单位必须向学校出具退函,详细说明缘由,毕业生重新联系单位就业。必要时,单位应适当赔偿毕业生损失。

(3)毕业生未能按期报到:毕业生应在规定的时间内报到。如果由于不可抗力(如生病、外出遇灾未归等)无法按期报到,应采取信件、电话、电子邮件、传真等方式向接收单位说明和请假。逾期不报到,又未向接收单位说明请假的,可能发生接收单位拒绝接收的后果。

(4)毕业生因表现不好被接收单位退回:在报到以后,由于工作表现不好而被用人单位退回,学校将把其档案、户口等关系转回家庭所在地,按社会待业人员处理。

(八)调整改派

1.毕业生调整手续。调整指毕业生毕业时申请档案留校的和没有具体单位派回生源地人事局的,现已找到具体工作需要派遣的毕业生就业手续。申请档案留校的毕业生须将与学校签订的《申请档案留校协议》和与单位签订的协议一并交回就业中心,由学校就业指导部门到所在地教育主管部门办理调整手续;派回生源地人事局的,若在报到期限内只需将原报到证及已签单位协议一并交到学校毕业生就业指导部门,若超过报到期限,须将有生源地人事局同意到其他地方解决的解除函、原报到证及已签单位协议一并交到学校就业指导部门,由学校就业指导部门统一到省教育厅办理调整手续。

2.毕业生改派手续。改派指毕业生毕业时已派遣到具体用人单位,现与原单位违约又联系到新单位的,需要重新派遣的毕业生就业手续。需提供原单位同意解除协议的退函、原单位报到证及新单位接收函等三份材料,由学校就业指导部门到所在地教育主管部门办理改派手续。

3.毕业生因病被单位退回情况的处理。若毕业生报到后才患病的,单位应按在职人员病假有关规定处理,不得退回学校。若毕业生在校期间就有传染病史、精神病史,用人单位不知道,待毕业生报到时才被发现的,应允许退回学校。

毕业生被退回学校后,让其在家休养,一年以内病愈的(须经学校指定的县级以上医院证明能坚持正常工作的),可以随下一届毕业生就业,有用人单位同意接收的,学校为其办理就业报到手续;无用人单位接收的,户口和档案材料转至家庭所在地,按社会待业人员办理。满一年仍未病愈的,由家庭负责供养,户口及档案材料转回家庭所在地,病愈后自谋职业。

三、用人单位招聘程序

了解用人单位的招聘程序,并把自己的择业活动调整到与用人单位的招聘活动较为一致的步调,有利于择业活动的有效进行。

一般来说,用人单位的招聘活动需要履行如下程序。

(一)确定需求和招聘计划

用人单位根据自身的建设和发展状况,确定当年需要招聘毕业生的岗位、人数和条件等,同时将根据要求制订详尽的招聘计划。

(二)发布就业信息

1.向政府教育主管部门所属高校毕业生就业指导中心登记。

2.向高校毕业生就业工作部门登记。

3.在自己的网站上发布信息,供学生上网浏览。

4.通过电视、报纸、广播等媒体发布需求信息。

(三)举行单位宣讲会

为在大学生中进行广泛宣传,一些用人单位(主要是企业单位)还会到学校举办单位宣讲会,介绍单位发展建设情况、人才需求情况及经营理念、发展机遇、用人制度及企业文化等,并回答大学生们关心的各种问题。单位宣讲会是大学生全面了解招聘单位的好机会。

(四)收集生源信息

1.从高校毕业生就业指导中心及学校就业工作部门获取学生信息。

2.参加供需洽谈会(招聘会或就业市场)收集学生信息。

3.在网站上收集学生信息。

4.通过学生的自荐获取学生信息。

5.有的学生通过报纸、杂志等媒体登载的"求职广告",也是用人单位获取学生信息的渠道之一。

(五)组织笔试面试

1.笔试。笔试一般分为三种,即专业考试、心理测试、命题写作。

专业考试主要考核求职者担任某一职务所要求具备的业务知识及相关的文化知识。许多单位在招聘应届毕业生时都用专业考试作为第一轮淘汰的手段。这种专业考试与学校的专业考试不同,更注重知识的实际运用能力。许多毕业生在参加这类考试后都会感到平时的专业知识积累不够。

心理测试是目前许多用人单位流行的做法,它可以考核应聘者的基本能力素质和个性特征,包括基本智力、认识思维方式、内在驱动力等,也包括管理意识、管理技能技巧。目前,这类标准化的心理测试主要有《明尼苏达多项人格测试》《16种人格因素问卷》《温得立人事测试》等。

命题写作主要考查应聘者的文字表达能力、见识水平、分析问题和解决问题的逻辑思维能力。根据用人单位性质不同,要求写作的文章也会不同。

许多单位在笔试时,会将上面的几种方法混合运用。笔试后,用人单位会根据笔试的情况确定面试人员名单。有的用人单位会经过几轮笔试后才确定面试人员的名单。

2.面试。面试是用人单位招聘毕业生过程中不可缺少的重要环节,有的单位是通过笔试选择面试人员,有的单位是通过筛选简历来选择面试对象。面试由用人单位的人力资源或招聘专员主持,通过双方沟通,用人单位获得有关应聘者的个人信息,如学业情况、相关经历、兴趣爱好、对有关工作岗位的期望等。面试分为单独面试和集体面试。

(六)签订协议

用人单位与确定录用的毕业生签订《全国普通高等学校毕业生就业协议书》。有特殊要求的城市,用人单位还要为毕业生办理户口指标。

(七)接受报到

大学生毕业后,用人单位负责接收毕业生,为毕业生办理户口、档案、组织关系等事宜,并组织培训,签订劳动合同等。

第二节 求职材料制作

求职是一个双向选择的竞争过程。在这个过程中,虽然最终起决定作用的是求职者的实力,但介绍求职者具体状况的求职材料的作用不可小视。对于高校毕业生而言,精心制作个人的求职材料是成功求职的基本环节。就如同商家推销商品一样,有过硬的优质产品,还得加上精美的包装和完善的产品说明才能吸引更多的消费者。一份精美、全面的求职材料不仅是对自己多年学习、实践的总结,也是向用人单位全方位展示自我的重要手段,可以使毕业生求职事半功倍。

一、求职材料的构成

求职材料是毕业生全面介绍个人基本情况,全方位展示自己学识、技能、风采的各种说明性文件和证明资料,一份全面的、有影响力的求职材料不只是求职信和简历的简单构成,它包含丰富的内容,如图5-1所示。

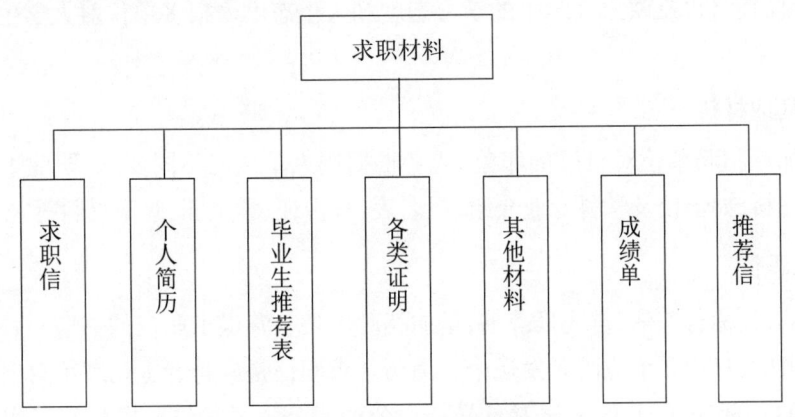

图5-1 求职材料的内容构成

一般而言,较完整的个人求职材料应包括以下内容:

(一)求职信

求职信是毕业生向用人单位表明自己的求职愿望和诚意的专门信函,是求职材料的基础内容。

(二)个人简历

简历是求职者向用人单位简要说明自己过去学习和工作的经历,介绍个人基本状况,初步展示学识、能力、个性特点、风采、风貌的书面文件。

(三)毕业生就业推荐表

高校毕业生就业推荐表是由省级就业服务中心或学校统一印制的,用于向社会推荐合格统招毕业生的法定书面文件。毕业生就业推荐表内容全面,能基本反映毕业生学习、工作状况和学识、能力状况。毕业生就业推荐表是官方认证的具有权威性的材料,在求职材料中具有举足轻重的地位,也是必需的一环,各用人单位对其高度认可。把毕业生就业推荐表放在求职材料中可以大大提升求职材料的可信度和影响力。

(四)各类证明材料

证明材料是指用于强调自己所取得的成绩或具备某种能力、资格的各种证书及文件等材料。证明材料通常包括以下内容:毕业证书、学位证书、各类学历证明和结业证书;获得奖学金以及"三好学生""优秀学生干部""优秀团员""优秀毕业生"等荣誉称号的获奖证书;英语、计算机水平等级证书,专业技能等级证书;社会实践、征文比赛、文艺演出、体育运动会、社团活动等获奖荣誉证书;在正式出版物上发表过的文学作品、科研论文、美术设计作品、音像作品、摄影作品及各类小制作、小发明、小创作的图像资料;其他有关专长、爱好的证明材料等。

(五)学习成绩单

学习成绩是大学生大学生涯学业状况的反映。学习成绩不仅体现学生对专业知识的掌握程度,而且也反映出大学生的学习态度和人生态度。很多单位对大学生学习成绩较为重视。

(六)其他材料

为了加深招聘单位对自己的印象,或者根据用人单位的不同要求,毕业生有时还需提供其他材料,如学校及学科专业介绍、报名表、身份证、学生证、政审材料等。

二、求职信

求职信,又称自荐信、自我推荐书,是向招聘单位自荐谋求职位的书信。一般的公司在征人启事中,只会要求应聘者发送个人简历。求职信是应聘者主动表示自己对这份工作的兴趣的一种表现,它的发送对象是一个公司或公司里某位负责招聘工作的高级主管,而目的是使对方了解此应聘者积极认真的态度,并且应聘者可以依靠信中某些个性化的描述来吸引对方的"眼球"。也就是说,从人事经理的角度来看,个人简历是被动的,是求职过程中所必备的文件。而求职信可以增加收信者给予应聘者面谈机会的可能性,是求职者争取面谈机会的一种主动方式。

中华英才网进行了一项网上调查:"人事经理,您对求职信的关注程度如何?"从调查结果可以看出,34%参与调查的人事经理表示非常重视求职信,54%的人事经理表示将求职信作为重要参考,只有11%的人事经理根本不看求职信。可见,求职信在求职过程中还是起着相当大的作用的。那么,该如何撰写出一份能让自己脱颖而出的求职信呢?

(一)毕业生求职信的分类

根据毕业生求职对象的不同,毕业生求职信可以分为有明确单位的求职信和广泛适用的求职信。

1.有明确单位的求职信。有明确单位的求职信是指毕业生已经有确定的求职目标单位,求职信是写给该特定单位的,意欲在此单位谋职。这类求职信是在对单位具体情况(如单位性质和名称、主要从事的工作、经营项目、人员需求情况、主管人姓名等)基本了解的情况下写的,具有高度的针对性。在这种求职信中,其称呼和内容都要针对单位中的特定职位和特定的人。内容可以根据该单位的用人情况明确介绍自己的情况,表述自己的主观愿望、能力及特长,以吸引招聘主管的注意力,取得面试机会。

2.广泛适用的求职信。广泛适用的求职信是指求职者无法确定求职目标单位,求职信是写给所有同类性质的单位。这种求职信只能根据自己的专长和技能,凭借用人单位通常的用人标准来进行写作,带有一定的盲目性,命中目标的成功率相对较小。此类求职信多用于在毕业生供需见面会和人才招聘会上向用人单位介绍自己的概况,让单位了解并对自己感兴趣。

无论是第一类还是第二类求职信,毕业生求职信的主体部分都是大致相同的,只是开头和结尾各有特点,写作时可以根据不同单位采用不同称谓、选择不同的内容和措辞。

(二)求职信的内容

一般来说,求职信属于书信的一种,其基本格式与其他书信没有太大差异,包括称呼、正文、结尾、署名与日期四部分内容。

1.称呼。求职信属于商业信函,称呼应正规、得体、有礼貌。通常采用姓名加职称或职务的形式,或是单位加职务的形式顶格书写,如"尊敬的××董事长(厂长、经理)""尊敬的××处长""尊敬的××公司人事经理"等,也可以称××先生或××女士等。求职信的称呼一定要准确,对招聘单位名称以及收信人的准确称呼,能拉近求职者与招聘单位之间的距离,使招聘单位感受到求职者的诚意。因此,毕业生应学会针对每一家用人单位、每一个应聘职位"量身定制"求职信,用准确得体的称呼博取对方的好感。当然,求职信的称呼也不可过分亲密,以免给人以"套近乎"或阿谀、唐突之感。

2.正文。正文部分是求职信的主要部分和核心内容,一般由以下四个部分组成。

(1)自我简介:自我简介是对自己概要的简述,应针对求职目的作简要说明,无须冗长繁琐。在自我简介前,还需写出信息的来源渠道,如"据悉贵公司正在扩大生产规模,招聘新员工,特来应聘实验分析师一职"。假如你没有掌握某用人单位的需求信息,而你又非常希望到该单位工作,也可开门见山地直接自荐,但必须表示出你对该单位的良好印象和你愿意到该单位工作的强烈愿望,如"久闻贵企业有良好的社会声誉,重视人才发展,和谐而有生机,对此我十分仰慕。希望贵企业能给我施展才华的机会,为贵企业效力"。

(2)求职目标:求职信写作的最终目的是要实现求职者所追求的目标。所谓求职目标,就是要讲明求职者想要到什么单位任职,任什么职。这一点必须明确,不能含糊其辞,模棱两可。

(3)求职条件与理由:在有明确目标的前提下,求职信中必须充分阐明自己选中这一目标的理由,理由要真实、充足。求职条件是求职信最关键的部分,要针对招聘单位的需求向对方说明你有知识、有经验、有专业技能,还有与工作要求相符合的特长、性格和能力等综合素质方面的突出优势,强调你能为单位做什么,对单位有些什么特殊价值。总之,在介绍时,要突出重点、扬长避短、立体展示,力求简明扼要、不落俗套,起到吸引和打动对方的效果,促成求职愿望的实现。

(4)表达面谈的愿望:最后表示希望对方能给予回信,并热切地希望有一个面谈的机会。但不要给对方施加压力,也不必过于谦虚。

3.结尾。结尾一般简短地写上表示敬意、祝愿之类的祝词,如"祝贵公司兴旺发达""祝顺利安康""深表谢意"等,也可以用"恭候佳音…'此致敬礼"之类的通用词。

4.署名与日期。求职信末尾一般都直接签上自己的姓名,或在署名前加上"求职人""您的学生"等。

日期一般写在署名的下方,用阿拉伯数字写,并写上年、月、日。

整篇求职信要给人留下完整、正规、认真的印象。

(三)求职信的写作原则

求职信要根据求职的目的来布局谋篇,把重要的内容放在篇首,对相同或相似的内容进行归类组合,段与段之间按逻辑顺序衔接,从阅信人的角度出发组织内容。信件要具个人特色、亲切且能体现出专业水平,意思表达要直接简洁,书写要清晰明了,内容、语气、用词的选择和对希望的表达要积极,充分显示出你是一个乐观、有责任心和有创造力的人。

求职信不宜太长,一封求职信不能多于一页;不宜有文字上的错误,切忌有错字、别字、病句及文理欠通顺的现象发生;不宜是简历的翻版,应与简历分开,自成一体。

写求职信要坚持实事求是的原则,用成就和事实代替华而不实的修饰语,恰如其分地介绍自己。要突出重点,针对某一单位的某一职位而求职,效果会更好。求职信是用人单位对求职人的一次非正式考核,用人单位可以通过信件了解求职者的语言修辞和文字表达能力,可以说求职信是用人单位对求职者取得第一印象的凭证。

(四)学生写求职信的六大误区

一封通函走天下：不量身定做，一封信打遍天下。

二次利用不修改：重复简历主要内容。

三缄其口谈奉献：过于强调能从公司学到什么知识技能或得到什么好处，而不知道提出自己能为公司做出什么贡献。

四舍五人都从简：对公司的描述过于空泛，过于浅薄。

五体投地对自己：热情洋溢的长篇抒情和不着边际的吹捧或自夸。

六神无主乱阵脚：格式不够工整，缺乏美感。

(五)写求取信四戒

通过写信求职是一常见方式，但必须避免以下四种失误，以提高求职命中率。

1.不够自信，过于谦虚。求职者应当在信中强调自己的强项，即使不可避免地要说明自己的弱项，也没有必要那么坦率。

2.主观意愿，推理不当。许多求职者为了取悦招聘单位，再三强调自己的成绩，而不知有关经验与能力对职位的重要性。

3.语气过于主观。对于招聘单位来讲，他们大多喜欢待人处世比较客观与实际的人，因而求职者在信中尽量要避免用"我认为""我觉得""我看""我想"等字眼。

4.措辞不当，造成反感。写求职信最忌用词不当，如"有我这样的人才前来应聘，你们定会大喜过望"，对方看到这样的语句，怎么会不反感呢？

三、个人简历

投放简历是求职者找工作的第一步，因此，简历也就成了求职的敲门砖。调查表明，在大学生求职较为集中的时段，规模较大的企业一般每天至少收到几百份简历，80%的企业人事经理在每份简历上所花费的时间只有8~10秒。如何让求职者在这8~10秒内抓住人事经理的眼球，让对方产生兴趣？系统地提高简历写作水平很有必要！否则，连面试的机会都没有。

制作简历就是将你自己的学业、经历、能力、性格、求职意向等简要地列举出来。由于受栏目和空间限制，不一定要将所有的东西都罗列出来，但最能反映你优点及能力的经历可千万别忘了有条理地加以介绍。一份好的简历应做到个性突出、结构严谨、朴实简洁、设计精巧，让用人单位一看就能留下深刻的印象。一份吸引招聘者注意的简历能创造或增加获得面试的机会，所以简历千万不能繁琐冗杂。

(一)简历的主要内容

简历并没有固定的格式，一般包括个人基本资料、学历、工作经历、兴趣爱好等，其主要内容和要求大体如下：

1.个人信息。包括姓名、性别、出生年月、政治面貌、籍贯、学校、专业以及联系电话、电子邮箱等,一般书写在简历的最前面。

2.教育程度。按照时间顺序,写明所读学校的名称、专业以及相关证明等,让招聘单位了解你的学历背景,以判断与应聘工作的关联性。

3.工作经历。大学生一般都没有正式的工作经验,但常利用假期等空闲时间勤工助学、兼职或积极参加各类社团活动。因此,简历上可以体现自己在校期间的实习经历、社团经验,说明自己担任的工作、组织的活动以及特长经验。如果参加过一些实训项目的开发,可以简要叙述一下自己在其中的角色和成果。这些都有助于招聘单位了解你各方面的能力。

4.特长、兴趣爱好和性格。指求职者拥有的技能,特别是指中文写作、外语及计算机能力。兴趣爱好与性格特点能够展示求职者的品德、修养、社交能力及团队精神,它与工作性质关系密切,所以用词要贴切。

(二)简历的特点和需要避免的问题

1.简历的特点。一份简历撰写出来以后,应该再认真检查一下,看它是否符合这样几个要求:

(1)积极表现出自己的优点、专业特长。

(2)使用目录形式,简洁有序。

(3)注重语言技巧,表述力求突出个性,避免平庸。

(4)用词妥当,无虚假内容,通俗易懂,言语诚恳,自信又适当谦虚。

(5)版面清晰,纸张干净,语法准确,无错别字。

2.简历应该避免的问题。制作个人简历时往往会出现以下问题,应力求避免:

(1)千篇一律:不少求职者没有写出自己的专业特点,更没有反映出个人特长,大多是空话、套话,如"文笔极佳""爱好广泛""具有良好的组织能力、创新能力和团队协调能力"之类,却没有实质性的表述和说明。在众多求职者中,这种简历很难脱颖而出。

(2)华而不实:有些求职者为了给招聘单位留下深刻的印象,有意夸大自己的"成绩",甚至弄虚作假。例如,简历上说自己参加过某种专业培训,面试时一问,原来只是听过半天讲座;有的说是参加了什么重点项目,其实只是参加了协助项目开展的会务工作;有的甚至杜撰假成绩、假职务、假社会实践经历等。这些往往会使招聘单位对求职者的印象大打折扣。

(3)缺少真诚:一个人的求职简历好比是自己的照片,应该是独特的、活生生的,有自己的想法、期望和要求。而不少毕业生的求职简历,更像是格式化的表格。也许是没东西可写,又或者想省些力气,一份简历多处投放,对谁都是同一副面孔,没有凸显个性的内容。

(4)盲目投放:一些学生把求职比喻成撞大运,见到招聘单位,没经过考虑就投送了简历,根本没深入了解招聘单位的聘任条件,也没有了解招聘单位的情况,随大流盲目投送,结果许多求职简历进了废纸篓。

(三)电子简历和视频简历

随着互联网的快速发展,网上求职逐渐成为应聘的主要方式。网络招聘以其低成本、见效快、无地域限制的特点正在吸引着越来越多的企业和求职者。很多同学通过网络提交简历(主要有电子简历和视频简历)与招聘单位沟通并推销自己。在通过网络求职时,毕业生要注意以下事项:

第一,要选择安全的网络媒介。网络求职有很多优点,但也有其致命弱点,就是安全性无法得到保证,很多网上信息具有欺骗性。所以,毕业生网上求职要注意选择正规的网站,对网站上提供的信息要进行验证,网上投递简历只选择那些规模较大、信誉较好的企业或官方人才网提供的企业作为求职目标企业。

第二,不要通过附件的形式发送简历。为了防止病毒的侵入,很多招聘单位不愿意打开电子邮件的附件,简历以附件形式发送会影响接收。因此,电子简历通常采用文本格式,在邮箱正文栏发送。这就需要同学们精心设计纯文本格式的简历,尽量用较大字号的字体,注意页边距的设定,一定要使自己的简历看起来与众不同。

第三,发送简历的同时附带求职信。发送简历时,同时要发送一封求职信,这样可以彰显自己的诚意,也可以让招聘主管全面了解自己。

第四,简历发出之后,要主动与招聘单位联系、沟通。求职不可能都是顺利的,即使不被录取,最好也发个电子邮件表示感谢,以便今后联络。

第五,注意视频简历的合适利用。有一些同学为了增强简历的影响力,还制作了视频,以彰显个性、突出特色、全面展示自我。视频简历可以通过拍摄DV和Flash来制作。制作视频简历要注意,介绍内容应全面,画面要精美,视觉、听觉效果要好,时间不要太长,2-3分钟即可,同时要突出特色。视频简历能彰显个性、突出优势,但也不可滥用,通常适用于特殊专业的毕业生,如表演、艺术、设计类。使用视频简历时还应注意保护自我,防止个人资料丢失或被不法分子滥用。

四、其他支撑证明材料

除了自荐信和个人简历之外,为了加深用人单位对自己的印象,有时需要进一步提供其他材料。主要包括本人在大学期间由学校专门部门提供的成绩单、所获得的重要的荣誉证书以及成果证明材料,如英语等级证书、计算机等级证书、职业资格证书、三好学生证书、奖学金证书、"优秀学生干部"证书等。其他材料的使用方法,要根据自荐的方式而有所不同。如果面见招聘者或亲自上门去推荐自己,材料可以准备得充分一些,凡能反映自己各方面能力的材料尽可能准备齐全,并且最好带原件。若采取寄送求职材料的方式,则应该选择最具有代表性的材料,而且要根据各单位的不同情况有针对性地取舍,并且最好寄复印件,以防邮寄时丢失,造成损失。

第三节 求职礼仪及其笔试、面试

"行百里者半九十。"虽然你在前期已经做了许多工作,对公司有很多了解,并成功地通过了简历筛选,但是,如果你不能在笔试和面试中表现优秀,那么前面的努力就可能会全都白费。笔试和面试都是选拔性的测试,高淘汰率是其基本特征之一。

一、笔试的基本知识

笔试并不是每家公司的招聘流程中都会涉及的环节。原因在于:一方面,大多数笔试作为简历筛选之后的第一轮考试,参加的人数比较多,成本比较高;另一方面,就一些对于专业的技术性要求不高的职位来说,对于应聘者的写作能力和分析问题能力的考察也可以通过其他途径来实现,如有的公司的申请表上有很多主观性的问题,这实际上就是在考察应聘者分析问题和解决问题的能力,同时也考察表达能力。

和面试相比,笔试是一种相对初级的甄选方式。有的公司将笔试作为面试之前的第一轮甄选,主要目的是为了选出那些符合公司企业文化,具有公司所希望的思维方式和个性特征的人。还有的公司则将笔试作为面试的一种辅助手段,侧重于考察那些在面试中难以考察出来的素质,如书面表达能力等。对于一些专业技术要求很强和对录用人员素质要求很高的国家机关或大型事业单位,笔试则可能是主要的甄选方式。

(一)笔试的种类

1.专业知识考试。这种考试主要是检验应聘者担任某一岗位工作时,是否能达到所要求的专业知识水平和相关的实际能力。例如,外资企业、外贸企业对应聘者要考外语;科研机构招聘人员要考察科研水平和动手能力;应聘行政管理、秘书方面工作的单位有对应聘者文字能力的测试;IT企业要测试逻辑思维知识、编程基础知识、数据库知识和外语等。这种考试方式已经被越来越多的热门就业单位所采用。

2.心理测试。这是用事先编制好的标准化量表或问卷要求应聘者完成,根据完成的数量和质量来判定其心理水平或个性差异的方法。一些特殊的用人单位常常以此来测试应聘者的态度、兴趣、动机、智力、个性等心理素质。

3.智商测试。智商测试的主要目的在于测试应聘者的记忆力、分析观察力、综合归纳能力、思维反应能力,判断应聘者是否反应迅速、思维敏捷,了解其潜在能力以及能否胜任某种工作。这类单位一般对毕业生的所学专业没有特别要求,但对毕业生是否具有不断接收新知识的能力以及综合素质较为重视。

4.公务员考试。不管是国家机关公务员考试,还是省级、市级公务员考试,通过笔试第一关都是必须的。考试的内容综合性较强,包括公共基础知识、行政职业能力测验、申论等,题量很大,必须有充分的准备才可能通过。

(二)笔试的技巧

了解了一些常见的笔试类型,接下来的问题就是如何准备这些笔试。需要明确的一个观念是,笔试本身就是一种能力的测试,加上它的高淘汰率,因此想要通过短期内的突击来提高笔试应试能力的想法不是十分现实。无论是书面表达能力、逻辑思维能力和分析问题能力,还是对于知识的了解和掌握,都需要长期的实践和积累,不是一蹴而就的,但可根据不同类型的考试开展有针对性的复习。同时,参加笔试时需要注意以下几点:

1. 增强信心。笔试怯场,大多是由于缺乏自信心所致。客观冷静地对自己进行正确的评估,就能克服自卑怯场心理,增强自信心。应聘考试不同于高考、考研,后者一锤定音,而前者存在很多变数和机会。

2. 认真应试。求职考试不仅考知识、能力,还要看求职者的文字功底和应试态度。求职者参加考试的经验已较丰富,如何答题,力争考出好成绩自然不必多说,最重要的是卷面应力求整洁、清晰,不管什么客观原因都要认真考试。书写潦草、字迹难以辨认,不仅影响考试成绩,还会影响到求职者给主考人的印象。认真的态度、细致的作风和工整的字体,会大大提高录用概率。

3. 掌握科学的答卷方法。当求职者拿到笔试试卷后,首先需要通览一遍,答题的顺序是先解答简单的题目,然后再解答难题。答题时要掌握好主次。

4. 特殊情况特殊处理。对于部分特殊的试题,不要慌张,也不要因此失去信心。因为大家水平相近,尽力就好。从某种意义上来说,笔试考的不仅是书面上的知识,还考察求职者的综合素质,尤其是心理素质。

二、面试的技巧

面试是招聘的主要手段,它是由表及里测评考生的知识、能力、经验等有关素质的一种考试活动。通过面试,招聘单位可以直接了解求职者的面貌、举止、总体素质和各方面能力。面试是毕业生能否成功就业的关键。因此,为了获得所求工作,毕业生应该充分做好面试的准备,在面试中适度表现自己,善于展示自己的知识、能力、特长、性格等情况,给招聘者留下好的印象。

(一)面试的基本程序

进行面试之前,要先了解一下面试的基本程序。不同用人单位对求职者设计的面试程序会有所不同,有的单位比较正式,有的单位则相对随意。但面试程序通常可分为以下四个阶段。

第一阶段:准备阶段。准备阶段一般以寒暄性的话题开场,如主考官会问类似"你住的地方离我们公司远吗?"等这样的问题,目的是营造友好的交流气氛,消除求职者的紧张情绪,使其能比较自然地进入面试的情境之中。毕业生不需要对这些问题详细回答,可借此机会熟悉一下面试环境,缓解自己的紧张情绪。

第二阶段:引入阶段。在引入阶段,主考官一般会围绕毕业生的简历进行发问,给毕业生一个介绍自己的机会。例如,主考官可能会请求职者自我介绍,问类似"你有哪些特长?""你在大学期间最大的收获是什么?"这样的问题。毕业生在面试前应当对此类问题做好准备,根据所应聘职位有针对性地进行回答。

第三阶段:正题阶段。接下来进入面试的实质性阶段,主考官主要会通过广泛的问题来了解毕业生的能力、素质、心理特点、行为特征等,考察毕业生是否符合所应聘职位的要求,是否是这个职位的最佳人选。毕业生在此阶段需要注意听清面试官的提问,回答时要尽量展现自己的相关专业能力与水平,表明自己各方面的条件符合应聘职位的要求,同时表达出对加入所求职单位的渴望。

第四阶段:结束阶段。主考官在问完所有的问题后,通常会给毕业生一个发问的机会,如"你有什么问题想问吗?""关于这个职位,你还有什么想了解的?"这样的问题表示面试已进入尾声。出于礼貌,毕业生起码应该问一个问题。此时若一言不发,会给对方造成两种印象:一是你对该单位没多大兴趣,因此实在没话可问,这样当然会惹恼主考官。二是你没有能力提出好问题,这样主考官会认为你反应较慢,不会应酬。毕业生可以根据自己想了解的信息进行提问,如可以就工作的主要职责、汇报的对象、职位发展道路等方面进行提问。

(二)面试的种类

用人单位的面试形式有很多种,简单归纳可分为以下几种:

1.问题式面试。由主考官按照事先拟定好的面试提纲,对求职者提出一系列的问题,以此考察求职者的知识与业务水平,判断其解决问题的能力。

2.压力式面试。由主考官就某一问题或者某一事件对求职者提出一连串具体详细的问题,有意识地对求职者施压,甚至刨根究底,直至求职者无法应答。此种方式主要考察求职者在压力下能否做出适当的反应,以观察求职者的应变能力和思维敏捷度。

3.自由式面试。主考官没有固定的面试题目,与求职者海阔天空、漫无边际地交谈,让求职者自由发表言论,营造一个比较轻松活跃的面试气氛。通过这样的闲聊,来观察求职者的知识、能力、谈吐、举止、气质和风度等,对其进行全面的综合素质考察。

4.情景式面试。主考官事先设计一个情景,提出一个问题或一项计划,让求职者模拟情景中的角色来完成。这样的情景可能是在该职位工作中会碰到的,通过求职者的表现来考察其分析问题和解决问题的能力。在情景式面试中,求职者的才华能得到更为全面的展现,主考官也能对求职者做出更为全面和准确的评价。

5.综合式面试。主考官通过多种方式来考察求职者的综合素质和能力,如通过即兴演讲、计算机操作或者外语交谈,来考察求职者在言语表达、外语水平等各方面的能力。

以上是根据面试的内容与要求划分的面试方式,在实际面试过程中,主考官可能采取一种,也可能同时采用几种面试方式。

(三)面试的准备

通过面试,用人单位不仅可以直接了解求职者的面貌、举止,而且可以了解求职者的总体素质和各方面的才能。面试时的表现往往影响到求职者和用人单位是否"情投意合",并直接影响到双方能否成功地建立聘用关系。因此,要想打好面试这一仗,必须学习和掌握面试技巧,做好充分的准备。

1. 深入了解招聘单位和招聘职位。俗话说:"知己知彼,百战不殆。"因此,在面试前了解招聘单位的情况,尤为重要。求职者可通过招聘单位的内部宣传资料、网站、报纸、杂志、广告宣传手册和新闻媒体的报道等渠道来了解招聘单位的性质、规模、特色、组织机构、金融状况、发展前途、企业信誉等情况,了解招聘单位对员工的工作要求、职责以及给予员工的报酬、培训等情况,了解用人单位招聘职位的性质、工作内容、所需知识和技能。同时还应该了解自己,清楚自己在哪些方面适合这个职位。只有这样才能做到"胸中有丘壑"。

2. 着装与仪容准备。面试时的仪表风度非常重要,衣着仪表是一个人内在素养的外在表现,得体的打扮不仅体现求职者朝气蓬勃的精神面貌,表示求职者的诚意,还有意无意反映出一个人的修养。仪表往往影响求职者的第一印象。主考官对求职者的印象往往在初见面的前30秒就已经形成了,所以主考官们都强调求职者一定要注意自己的着装和精神风貌。面试前应注意自己的着装打扮,衣着要与申请的职位及工作性质相符。对于应届毕业生来说,着装不强调西装革履,但一定要整洁干净,大多数招聘单位还是喜欢朴素端庄的毕业生。为了慎重起见,面试前最好请老师和同学审视一下自己的着装和仪容。

一般情况下,求职者着装的色彩以深色为主,提倡穿藏青、黑色等深色衣服。

3. 充分准备材料。参加面试要带好个人简历、自荐信、成绩单以及有关证书等材料,如各类获奖证书,外语、计算机、职业技能等级证书。即使曾经发过求职信和个人简历,也应该再带上一份材料,以备用人单位查看。同时还要准备好一份自我介绍。自我介绍是面试过程中不可缺少的一项内容,因此,要使用与自己身份吻合的语言,每句话、每个词都应有所选择。恰当的自我介绍应该更多地谈一些跟自己所应聘职位有关的工作经历所取得的成绩,以证明自己确实有能力胜任所应聘的职位。

4. 调整心态。良好的心态是从容应对面试的关键,从某种意义上说,也是决定成败的关键。

首先,展示真实的自己,不要卖弄技巧。面试时切忌伪装和掩饰,一定要展示自己的真实实力和真正的性格。这不仅是面试成功的基础,也是以后职业生涯顺利发展的基础。有的毕业生在面试前阅读了很多谈面试技巧的书籍,按照所谓的流行标准在面试时把自己打造一番,如自己明明很内向、不善言谈,面试时却竭力表现得很外向、很健谈。

这样的结果往往并不理想,很难逃过经验丰富的主考官的眼睛。

其次,以平等的心态面对主考官。主考官和求职者是平等的,很多毕业生之所以在面试时很紧张,就是把两者之间的关系理解成上下级的关系。如果能以平等的心态对待主

考官,就能够避免紧张的情绪。特别是在回答案例分析问题时,一定要抱着自己是在和主考官一起讨论这个问题的心态,而不是觉得在考自己。

最后,面试的时候态度一定要坦诚。做人优于做事,面试时一定要诚实地回答问题,否则不利于今后的发展。

5.礼仪知识准备。准时。确保面试前10分钟提前到达面试地点,因为面试的人一个接一个,顺序都是安排好的,如果一个人迟到的话,就要影响下面的人,会给主考官留下不好的印象。所以,一旦堵车或者有其他紧急情况不能按时到达时,应该立即给招聘者打电话予以说明。

不要多带物品。携带大包小包去面试既不方面也不礼貌。

注意体态语言。自己的行为规范要与同选择的职业和身份相吻合。很多毕业生求职时因为紧张,一些不自觉的肢体语言全部表现出来,像跷腿、做小动作、说话带颤音等,这些一定要注意避免。同时,还要纠正一些不好的习惯性动作,如思考时手不自觉地放到嘴边,或是咬手指头做沉思状。好的肢体语言应该是面带微笑,并与对方的眼睛对视,因为对方在问你问题的时候,肯定也想通过你的眼睛来观察你真实的想法。

注意礼节礼貌。如进门之后要问好,对接待人员要和蔼;在等待面试时不要吸烟或嚼口香糖;在等候中注意观察该公司办公室的氛围,若大家都穿便服并用随意的口气打招呼,就应知道在面试时不要太刻板,可以说几句话打破沉默,如赞美一下漂亮的办公室、有趣的图画等。面试结束时一定要真诚地表示感谢。

(四)面试中经常出现的问题

1.请简要介绍一下你的情况或请简单做个自我介绍。一般情况下这是面试的必问题目,求职者应该注意介绍内容必须与个人简历一致,表述方式上一定要口语化,切忌背诵,要切中要害,不谈无关、无用的内容,条理要清晰,层次要分明。进行自我介绍并不是单纯地讲自己,应该结合用人单位、应聘岗位、专业知识、工作能力、个性和特长等内容,用"口头"表达出来。简历是书面形式,面试是口头表述。例如,"我来应聘的是市场营销岗位。在大学学习期间,除了学好专业知识外,我也很注重沟通能力的培养,我积极参加学校组织的各项社会活动,一直担任着班里的某某职务,也在校学生会担任过××职务,我认为这方面的锻炼对走向工作岗位是非常重要的"。求职者应该在正式进入面试之前进行口语化的练习。

2.你为什么选择我们公司。主考官试图从中了解你求职的动机、愿望以及对此项工作的态度。建议从行业、企业和岗位这三个角度来回答。比如看好公司的发展前途、产

品业务、人际环境,专业知识和能力结构符合该岗位的要求,对公司发展充满信心,与自己的职业兴趣、个性特征相符合,其中"我"能胜任该岗位的工作是最重要的。例如,"我十分看好公司所处的行业,我认为公司十分重视人才,而且这项工作很适合我,相信自己一定能做好。"

3. 课程学习情况怎么样。这个问题对于在校学习较好的求职者来说比较好答,只要简练精确的几句话就可以了。比如"我在班上的排名中上,我们班十几个人,我的综合排名在三四名左右"。学习成绩一般的求职者实事求是回答最好,但不要认为这就是缺点,回答时得多加考虑。比如"我在班上成绩中下,主要是我对书本学习的投入相比那些勤奋的同学较少,但我注重的是学习的方式。我是学市场营销的,我认为跑到市场上去和顾客打交道,才是最重要的……"这样的回答往往会让人觉得求职者很有思想,开拓能力比较强。求职者不必一定要扭转"乾坤",比如"我现在成绩不怎么样,以后一定会……",这样的话显得多此一举。

4. 你在哪方面弱一些或是你有哪方面的不足。面试时不能自吹自擂,也不能心虚胆怯,要实实在在,一是一,二是二,把自己的优势和劣势都陈述出来,让考官定夺。当然,多说优势少说劣势,但绝不能只说优势不说劣势,应届毕业生如果要讲不足就讲经验不足,其他的不足很难自圆其说,而且大多数人会对你讲的不足印象深刻。这个问题求职者可以这样回答:"我的工作经验不足,虽然有一些实习经历,但毕竟没有完完整整地做过,在某某方面存在着不足,所以我想这对我来说可能是一个挑战,以后我会针对这一点进行改进和提高。"有些求职者就是因为面试时能主动述说一两条自己的劣势赢得考官的好感而获得面试成功的。

5. 有没有打工兼职或是勤工俭学的经历。打工兼职或是勤工俭学的经历一定要有,而且越多越好。从一定程度上说,兼职经历越多,说明实践能力越强。现在没有打工经历的求职者最好马上去做。它体现求职者是一个努力的人,反映出求职者有较强的社会责任心、社会参与意识。如学法律的可以说去法律事务所打过工,学经济的可以说给某某单位做过市场调查,学汉语言的可以说到某某单位做过文秘,处理过很多文字工作,学环保的一定要和科技联系起来。举例越具体越好。现在去企业面试,时间普遍是比较宽松,求职者越会聊,主考官越会跟你聊得多,面试成功的概率就会增大。

6. 你为什么要找这样的职位,为什么是在这里。主考官想了解你是否是那种无论什么公司有活干就行的人。果真如此,他就不会对你感兴趣。主考官想找到能解决实际工作问题,并且以后能够独当一面的人。他们有理由认为这样的人工作起来更努力,更有效率。

事先了解哪些工作与你的技能和兴趣相符非常重要。要回答这个问题,就要谈到你选择工作的动机、这份工作的要求而你又具备的技能、各种专门培训或与职务有关的资格证书。这个问题实际上有两方面的含意:一是为什么选择这个职位,二是为什么选择这个公司。如果你有选择这个公司的理由,或选择这个公司是你的最大愿望,你就要准备回答为什么。"我花费了很多时间考虑各种职业的可能性。我认为这方面的工作最适合我,原因是这项工作要求的许多技能都是我所擅长的。据我所知,公司运行良好,发展迅速,易于接受新思想。你们的工作业绩得到了很多人的关注,许多媒体都报道了公司的情况。

从这次媒体报道中,我知道公司准备启动几个大项目。如果我在这里努力工作,证明我自身的价值,我感到我有机会与公司共同发展。"这种回答巧妙地运用了"提供证据"技巧,符合一个出色的经理或优秀的秘书的身份。

7.这个岗位对开拓能力要求很高,你有信心吗。回答是肯定的。那么,你将怎样去拓展工作?这个是工作思路方面的问题。好多单位会问你怎么开展工作。它隐含两个方面的问题,一是你的工作态度,二是工作内容。回答这类问题要从这两方面讲。比如,"如果我有机会到公司工作,我会先对岗位的情况做充分的了解,弄清楚岗位的职责,然后我会向同事请教,了解工作的具体要求"。有些企业会问:"我们的产品质量很好,但是销售不是很理想,如果你来做营销你会怎么做?"这个明显是在考察你的市场营销思路。你可以这样回答:"第一,我会把我们产品的特点进行归纳整理,把它作为产品的核心竞争力来强化,加大宣传力度。第二,我觉得营销渠道很重要,那我会对公司目前的营销渠道进行研究,根据相应的情况进行改进和提高。第三,我觉得营销人员的素质比较重要,有机会的话,我会加大对营销人员的培养。"要学会从这些角度去谈工作思路。好的工作思路是建立在对单位情况和产品非常熟悉的基础上的,所以全面了解单位特征、工作特质是很重要的。

有关工作思路方面的问题还有:"目前我们公司的员工普遍士气较弱、积极性不高,你觉得应从哪些方面去改变这种现象?"回答可以是这样的:"我会先去了解一下员工士气不高的原因。有可能是工资待遇方面的原因,也有可能是能力得不到发挥的原因。如果是待遇方面的原因,我会听取大家的意见,跟同行业进行比较,在现有薪酬考核机制基础上相应地进行调整,通过奖励先进的方式或是提高奖励力度的办法来激励大家。如果是由于能力得不到发挥而使士气低下,那么我会对每个岗位进行考察,尽量让他们各适其位,以此来提高他们的工作积极性。"回答这类问题要"善于假设",因为这类问题往往建立在基本条件不完备或你不了解真实情况的情况之下,所以要对问题进行合理的假设推测,再给出相应的解决措施。

8.工资待遇方面有什么要求。如果你对工资的要求太低,会贬低自己的能力,但如果你对工资的要求太高,那又会让用人单位觉得你自视较高,用不起你。主考官通常都事先对所聘职位定下开支预算,因而他们第一次提出的价钱往往是他们所能给予的最高价钱。他们问你只不过想证实一下这份工资是否足以引起你对该工作的兴趣。

在商谈工资之前,应该调查了解所从事工作的合理的市场价位。记住,商谈时降低原来的开价轻而易举,但一旦开出低价后想再提上去就很难。

如果你尚未彻底表现自我价值,主考官就提此问题考你,你不妨参考以下答案:"钱不是我唯一关心的事。如果您允许的话,我想先谈谈我对公司所能做的贡献。我对工资没有硬性要求。我相信公司在处理我的问题上会妥善合理。我注重的是找对工作机会,所以只要条件公平,我不会计较太多。"

9.你是否有继续读书(专升本)的打算。有些毕业生在毕业时做两手准备,在准备升学考试的同时找工作,而考上了专转本或专升本就会放弃工作甚至与单位解约。单位在签约前往往会确认毕业生是否准备升学,毕业生对此应如实表明自己的态度,避免签约后可能发生的纠纷。

10.还有问题要问我们吗。一定要回答"有"。它反映了你对该公司的重视程度和你的能力水平。

你可以这么提问:"公司这两年有什么大的发展计划?"不要去问那些琐碎的事情,比如我们来了以后有没有地方住,租房子的租金问题怎么处理。提这样的问题会显得深度不够,要提层次较高的问题。问什么,体现了你对自我价值的重视,体现了你的自信心。

也可以这样问:"我是做营销的,我想了解一下公司里的薪酬考核体系。"这里主要是突出考核,区别于上面的工资问题。比如销售额如果做到1000万,公司给我多少奖励。你可以直接讲,但态度一定要庄重严谨,语速要慢,既要自信,又要表现出对他人的尊重。

(五)面试后的注意事项

面试是就业过程中的第一道门槛。面试过后,千万不能不闻不问,特别是对自己心仪的单位和岗位,应该主动关心,进一步呈现你的能力和素养以及求职的诚意。求职者应该在面试过后的适当时机采取主动上门、电话询问、电子邮件询问等方式与企业主动沟通,争取求职成功。

第六章 大学生创业准备

第一节 自主创业意识

一、创业的概念

创业是指某个人发现某种信息、资源、机会或掌握某种技术,利用或借用相应的平台或载体,将其发现的信息、资源、机会或掌握的技术,以一定的方式转化或创造成更多的财富、价值,并实现某种追求或目标的过程。创业是一种劳动方式,是一种需要创业者运营、组织、运用服务、技术、器物作业的思考、推理和判断的行为。

创业包括以下几层含义:

1.创业是一个创造的过程,即创业者要付出努力和代价。

2.创业的本质在于机会的商业价值的发掘与利用,即要创造或认识到事物新的商业用途。

3.创业的潜在价值需要通过市场来体现,即市场是实现财富的渠道。

4.创业以追求回报为目的,包括个人价值的满足与实现、知识与财富的积累等。

二、创业精神

创业精神[①]是创业的核心与灵魂。创业精神最初来自新建企业,但不限于新建企业,百年企业青春常在就是创业精神在起作用。

人们常用不同的词语描绘创业精神:创新精神、合作精神、冒险精神、敬业精神、自强不息、百折不挠等。在新时代,又加进了时代精神、社会责任感、奉献、事业荣誉感、二次(三次)创业的勇气、艰苦奋斗的作风、至诚至信、开放的心态、宽广的胸怀等。

实际上,创业精神在心理层面是一种思维方式,其基础是创新,在行为层面是发现和把握机会,并且创造价值的过程。

创业精神的载体是人,最具创业精神的是创业者(企业家),企业家与创业精神密不可分。从学者们对企业家的研究轨迹可以看出,企业家所承担的角色,从投机、套利、冒

[①]克琴.创新型大学视角下的大学生创业精神培养[J].教育与职业,2017,23:67-71.

风险到创新,是一个不断发展和丰富的过程。因而创业精神不单是投机与冒风险,更重要的是把握机会和不断创新,通过企业家的创业和创新活动,推动社会和经济不断发展。

因而,创业精神就是发现和把握商业机会,无论当时如何受资源的制约,都能努力通过创新,从无到有地创造和建立某些事物以满足社会需求、创造价值的活动过程。

三、创业因素

大学生正处在从理论到实践、从求知到创业的重要转折时期,大学生科技创新、自主创业越来越成为人们关注的话题,它对个人及社会都会产生深远而积极的影响。然而,自主创业是一项极具挑战性的社会活动,是对创业者自身智慧能力、气魄胆识的全方位考验。除了个人的素质和能力影响创业以外,家庭、学校、社会以及亲戚朋友等因素都会影响大学生自主创业。

(一)个人因素

创业是一项非常具有挑战性的社会活动。由于其强烈的个体色彩,因此十分强调创业者本身的个人素质和能力。可以这样说,大学生本身的能力与素质在创业选择中起决定作用,其他因素都是外因。

1. 知识限制。在每年的大学生创业计划大赛中,尽管涌现出一些值得投资的计划,但是也暴露出不少问题:许多创业者无法把自己的创意准确而清晰地表达出来,缺少个性化的信息传递,一些计划甚至是不知所云;相当数量的创业计划对目标市场和竞争对手情况缺乏了解,分析时采用的数据经不起推敲,没有说服力,缺乏操作性等。这些说明创业者缺乏对创业所需各种资源的准确理解,也反映出大学生在创业方面知识的缺乏。

2. 经验欠缺。大学生长期待在校园里,对社会缺乏了解,对商场上的待人接物、为人处世方式不太习惯,缺乏必要的经验和技巧,在与生意合作伙伴应酬方面往往会遇到困难,商场上所需经历的一系列烦琐手续对其而言更是繁重的压力。此外,大学生尽管有理想与抱负,但"眼高手低",缺乏具体的市场开拓经验与相关的知识,也缺乏从职业的角度整合资源、实行管理的能力。

3. 心态困惑。创业需要理智而不是冲动,在创业热潮中,许多大学生凭着热情创业,对创业的认识缺乏深层次的理解,对社会需求缺乏深刻了解,视野狭窄,盲目创业,最终经不起市场的考验。因此,大学生要获得创业成功,必须通过专业知识的学习获得学习能力,并加以创业教育为主的综合素质培养,树立创业意识,学习创业方法,知道创业艰辛,具备创业能力,成为适应性和兼容性强的人才。

(二)家庭因素

来自家庭的意见是影响大学生创业选择的重要因素。父母的价值观会对大学生的创业选择产生影响:父母鼓励孩子不要担心失败、大胆尝试、勇于开拓,那么大学生在选择创业时就会持更积极、乐观的态度;父母担心孩子吃苦受累,希望他们找一个安稳的工作,一步一步发展,那么,大学生在选择创业时就会更为谨慎。

家庭的现实状况对大学生的创业选择也会产生影响:家庭的经济条件较好,父母有着较好、较稳定的收入,不需要大学生在眼前给予照顾甚至可以给大学生的创业提供某些支持,那么,大学生在选择创业时,就会更自主,敢于冒更大的风险;反之,如果家庭条件不太好,父母需要给予及时地照顾,那么大学生就会更在乎创业的成败。听取父母的意见,考虑家庭的情况,是大学生选择创业时必经的一个环节。

事实上,家庭、父母的意见对大学生选择的影响确实不小,虽然已经成人,但是我国大多数大学生即使已经进入硕士、博士学习阶段,仍然没有在经济上乃至心理上摆脱对父母的依赖。

(三)社会因素

影响大学生创业选择的社会因素有两方面:一是社会为大学生提供的创业硬软件环境;二是大学生创业的社会舆论。对大学生自主创业来说,"硬"的社会环境主要指风险投资机构对大学生创业项目的关注和扶持,"软"的社会环境是指与大学生自主创业相关的政策环境、法律环境、商业环境。而整个社会对大学生自主创业的看法,不但影响大学生的择业选择,还影响大学生自主创业的成功。

目前,风险投资商已对大学生自主创业给予了一定的关注,不少社会性质的创业基金都辟出专门的一块供资助大学生自主创业以及相关的训练活动。在大学生自主创业的政策、法律、商业环境等方面,根据大学生创业的特点,一些不利于大学生自主创业的操作措施也在进行改进。例如,虽然公司法规定年满18岁的公民符合条件均可注册开办公司,但在大学生注册公司时,某些地方的工商管理部门却要求在校大学生出示待业证,这就为大学生自主创业制造了不必要的障碍。据了解,在教育部门和工商部门的协调下,有些地方的这一规定已经取消。

值得一提的是大学生自主创业的舆论环境,最近一两年来,新闻媒体高度关注大学生的自主创业,人们也纷纷议论大学生的自主创业。对大学生自主创业的宣传和评论存在"严重偏离适度"的误区。

教育专家指出,对大学生自主创业吹捧或者乘人之危都是不可取的,我们应该正确对待大学生自主创业,正确评价大学生创业。

(四)学校因素

学校对大学生自主创业的影响可分为直接影响和间接影响两个方面。直接影响来自于学校针对大学生自主创业推出的政策和各种教学、训练活动。间接影响指学校所有的教育活动,尤其是以创新为主体的教育教学改革对学生创业的潜移默化的影响。近年来,各高校已经注意到学校教育对学生自主创业的影响,并采取了相应措施。

四、寻找商机

创业要从商业机会中产生,那么,哪些情况又代表着机会呢?实际上,机会无时不在,无处不在。只要你用心,待到机会自然不难。

(一)从问题中寻找创业机会

创业的根本目的是满足顾客需求,而顾客需求在没有满足前就是问题。因此,寻找创业机会的一个重要途径是善于去发现和体会自己和他人在需求方面的问题或生活中的难处。比如,上海有一位大学毕业生发现远在郊区的本校师生往返市区交通十分不便,创办了一家客运公司;双职工家庭没有时间照顾小孩,于是有了家庭托儿所;很多人没有时间买菜,就产生了送菜公司等,这些都是把问题转化为创业机会的成功案例。

又如,由于我国水质污染严重,围绕"水"就带来了许多创业机会,上海就有不少创业者加盟"都市清泉"而走上了创业之路。当然,去研发、销售净化水的技术和设备也是不错的创业机会。

(二)从自己的兴趣中寻找创业机会

创业的过程往往是实现人的爱好和梦想的过程。许多能够赚钱的事情,是能够与自己的爱好合而为一的,兴趣与事业是可以融合为一体的。

兴趣,有的是与生俱来的,有的是后天养成的。不论是哪种情况,都是对潜藏在自身这个特殊个体中的某种特质的呼应,都是自身特质的外在表现。

一个人如果能找到自己的兴趣,就有了自己生命存在的形式,并在其中流淌才智,挥洒创造力,演绎生命的精彩。幸福与成就融合为一体,成就伟大事业就成为很自然的事情。这样,你便可以在获得莫大乐趣中赚钱,在赚钱中享受自己的乐趣。仔细地看看那些成功者,他们赚钱的过程往往是实现他们爱好、梦想的过程,他们赖以赚钱的工具与他们的爱好往往是一个东西。"汽车狂人"李书福就是因为酷爱带有发动机的摩托车、汽车,才狂热地投身其中,最终修成正果。

许多人的失败,并不是他不聪明不努力,而是从一开始,他就不热爱那个事情,只是把它单纯地当成了赚钱的工具。

案例:刘畅自小就对鸽子特别的喜欢,一养就是12年。2001年他下岗了,他觉得,自己最擅长的就是养鸽子,而鸽子肉大家都爱吃,不少饭馆也都有这道菜。因此,他首先用300元买了12对种鸽,由于饲养得法,每对种鸽一年可繁殖7-8对幼鸽,且幼鸽20天就能长到500克。刘畅这下心里有了底气,他一口气租下了10亩地,建起了400多平方米的养鸽场。他又对养鸽的饲料配方、喂水和清洁时间、防病和繁殖方法重新进行了整理,从而形成了一整套科学养殖方法。

由于刘畅养的鸽子肉质好,服务周到,送货及时,因此,很快就成为上海几十家宾馆的鸽子固定供应商。

(三)从自己的优势中寻找创业机会

优势,是你本人所具有的强项与特长。确定优势首先是与别人比较,自己有而别人没有,自己很突出而别人很一般;其次是自己与自己比较,自己能够做好的事情有几个,其中哪个是自己最擅长的。

发现优势就是对以往生活积累的审视。想一想,在自己过去的生命历程中形成了哪些技能,沉淀了哪些知识,现在可以使用和支配的资源有哪些。在这些技能、知识和资源中,哪些可以转化为市场价值。当然,如果能将这些技能、知识、资源集中到某一点上,那是最好不过了,你可以借此寻求快速突破,打一场歼灭战。

案例:张强的创业思考

离开了这家现在工作的公司,张强终于下定决心开始自己创业。那么,做什么呢?张强想得最多的是:与大多数人相比,自己有什么强项和资源?

张强仔细回顾了一遍自己这些年所走过的历程,自己大学学的是管理专业,毕业两年后又学了MBA,随后在一家培训公司做管理培训。在这期间,自己还参加了外国的讲师训练,掌握了目前最先进的体验式教学方法。另外,由于讲课的缘故,自己还结识了一批客户,大家关系很好。

算起来,积累这些"家底"也用了10年时间了。这难道不是自己的优势吗?只是还从来没有自己单独干过。

下了决心,张强给自己设定了半年准备期,在这期间,他以独立讲师的身份去为一些企业做培训,不错的效果让他信心大增。半年后,张强成立了自己的公司,他根据客户的要求开发和调整了课程,把四个"实"作为公司的宗旨:从实际出发——根据市场实际需求开设课程;以实用为本——以管理技能训练为主;以实战求知——坚持采用体验式教学方式;以实惠共赢——价格合理,让客户感到物有所值。

(四)从事务的整合中寻找创业机会

所谓整合,是指将不同资源和要素重新组合,从而可以:

——发现资源之间别人没发现的某种联系、功能和用途。

——把看似不相关的资源进行复合、改造而产生新的效用。

——把各自独立的利益关系联系在一起而产生新的利润点。

——把自己可借助的各种优势集中在一点实现某种市场突破。

——在成长中的产业链中找到缺陷、缝隙与薄弱环节加以改进。

——对潜在的具有商业价值的元素进行挖掘、改造和提炼。

老子说:"万物负阴而抱阳,冲气以为和。"这是说自然界的一切事物,都具有"合"的倾向,都是"合"的产物。天地之合而生万物,从人类自身到自然界到社会,我们所见到、听到、知道的一切,都是"合"的结果。例如,物理和数学之合产生了计算机,化学和生物之合产生了基因工程。

正如老子所言,我们要用"冲"去"合"。我们可以借助自己的智慧和创意以及已经掌握的知识和经验,去"冲"那些表面上看相互独立的物质和功能,从而实现创造性的"复合",进而产生好项目。

案例:拖鞋与拖布

李莎在朋友的家中,发现客厅非常干净,就像时刻有人给地板擦洗过一样。朋友看出了李莎的疑惑,指着刚才进门拿给她的拖鞋说:"我知道你在想什么,你肯定是觉得我家的地板太干净了吧?告诉你,妙处就在你穿的这双拖鞋上。这是一双休闲型趣味擦地拖鞋。"

图6-1 擦地拖鞋

原来,穿上这种拖鞋,在房间里来回走动的同时,会将地板擦得干干净净。每逢节假日,家里客人越多,地板就越干净。

这种拖鞋,由于在底部增加了一层化纤材料,穿着更加柔软、舒适,如同在高级地毯上走路一样。清洗也很容易,放在水中就可清洗干净。

案例:杂粮与绘画

五谷杂粮与绘画有关系吗?许多人都不相信,但事实是想让它们有关系,它们就有关系。

西安湘子庙街的一个小伙子就创造出了这样一门绘画技术:用具有天然色彩的各种豆子和各种杂粮,创作出一幅幅精美的艺术品,受到了大家的喜欢,大量作品被一些商场的艺术品专柜和画廊定购。

(五)从产业链中寻找创业机会

我们平时经常听到"产业链"这个词,它的意思是说,很多产业就像一个链条一样,涉及众多环节,且环环相扣。例如,汽车产业就涉及前市场和后市场两大产业链,而前市场又分别涉及汽车原材料生产、汽车零部件制造、汽车装配等环节,后市场则涉及汽车销售、汽车维修、汽车保养等环节。

如果我们能成为某个成长中的产业链条中的一环,哪怕是很小很不起眼的一环,只要我们把它做得很专很精,不可替代,那收益也将十分了得。

案例:从产业链中发现机会

小朱2004年大学毕业后被分配到了一家研究所。按照习惯,他的职业生涯要么在专业领域不断提升,要么在行政领域不断升职。然而,一件日常小事却改变了他的一生。一天,上司安排他去购买一个配件,他惊讶地发现,配件的批发价与零售价竟然有超过10倍的价差。

普通人看到这种情况,最多发几句牢骚,说说商人心太黑之类的话。他却从中发现了机会,认为价差过大说明这个行业的竞争不充分。于是,他开了一家配件零售店。当零售店开起来后,他没有像其他零售店一样只是等顾客上门,而是迅速建立起销售队伍开展营销活动。很快,随着销量的扩大,他就开始做代工生产。再后来,他拥有了自己的品牌。现在,他正准备向整机行业进军。

(六)从对手的缺陷和不足中寻找创业机会

机会并不只属于"高科技领域"。在运输、金融、保健、饮食、流通这些所谓的"低科技领域"也有机会,关键在于开发。如果你能弥补竞争对手的缺陷和不足,这也将成为你的创业机会。看看你周围的公司,你能比他们更快、更可靠、更便宜地提供产品或服务吗?你能做得更好吗?若能,你也许就找到了机会。

案例:从对手的不足中找机会

小张在郑州批发小饰品(二批),销售额虽然不高,却摸清了进货渠道,知道义乌是小饰品的主要批发市场。小张所在的批发市场拆迁后,他干脆到义乌做小饰品批发(一批)。他发现因为小客户销量小,不经常进货,所以义乌的批发商对小商户也爱理不理。经过一番思虑,他决定开始专做其他商户不愿做的小商户。一般来说,如果客户进货不够一定数目,商户不予打包,而小张不论客户进货多少都打包,有些客户为了打包就专门到他那里进货。客户如果没有时间不能亲自到义乌进货,小张就代替他们进货,并且不收价差。结果,一年后,他竟然成了中国最大的手机膜批发商。

批发做起来后,他又开始做自主设计,因为自主设计的产品毛利比较高。再后来,他又在深圳开厂做生产,直接从国外进口原料。现在,他还在做外贸。

(七)从客户的差异中寻找机会

机会不能从全部顾客身上去找,因为共同需求容易认识,基本上已很难再找到突破口。而实际上每个人的需求都是有差异的,如果我们时常关注某些人的日常生活和工作,就会从中发现某些机会。因此,在寻找机会时,应习惯把顾客分类,如政府职员、大学教师、杂志编辑、小学生、单身女性、退休职工等,认真研究各类人员的需求特点,机会自现。

案例：另类的录像带出租商店

当吉姆·麦凯布作为一个心理学家的生活结束时，他和他的做辩护律师的妻子简决定开创一项事业。麦凯布夫妇喜欢电影，因而办一家录像带出租商店似乎是很自然的事。由于他们那一地区的大部分商店出租同样的电影录像带，他们特意去查找电影目录以看看到时出租什么为好，结果发现有不少不同寻常的电影，其中一些只能说是"演出的大失败"。这对夫妻喜欢这些在一般商店时看不到的电影录像带，并认为别人也可能喜欢。

当他们的"录像天地"在弗吉尼亚开张时，除了在柜台内摆放了常见的好莱坞电影外，还储备了许多稀奇古怪的电影，并打出了"保证供应城内最糟的电影"的招牌。结果顾客蜂拥而至，来租电影院通常不愿上演的电影录像带。

现在，麦凯布夫妇通过免费电话向全美出租电影录像带，一年的营业额达到了500万美元。吉姆·麦凯布说："我们发现了一个活动空间，并在竞争中获胜。我们的经验是：小经营者必须使自己与别人有所不同。"

（八）从新技术、新产品的产生中寻找机会

一项新技术、新产品的产生通常会带来创业机会，尤其是一些划时代的新技术和新产品的产生，更会带来大量的创业机会。例如，随着电脑与网络的诞生，电脑维修、软件开发、电脑操作培训、图文制作、信息服务、网上开店等创业机会随之而来。

又如，当人类基因图谱获得完全解决后，可以预期必然会在生物科技与医疗服务等领域带来极多的创业机会。

案例：主动接触新事物，学习新技术

高中毕业后干起家电维修的小胡和小姜，每天都以修收录机、电视机为生，但前者是一个经营上的"不安分者"，后者则是一个循规蹈矩的"老实人"。不久前，小胡又突发奇想，寻找到新的商机：他发现当地的农民用上自来水后，将来就有可能使用洗衣机，有洗衣机便会有维修洗衣机的业务。于是，他买回本地市场上常见品牌的洗衣机供周围的人使用，目的之一是让人们尝尝洗衣机的甜头，目的之二是学习洗衣机的结构、保养和维修。果不其然，一年后，一台台洗衣机进入农村，维修业务几乎全被小胡包揽了，而小姜只能眼睁睁看着自己失去一次扩大维修范围的机会。

（九）从国家政策中寻找创业机会

国家政策是很重要的导向，它通常会提出鼓励发展什么、限制发展什么，这其中就蕴藏了大量的创业机会。例如，国家一直在提倡调结构、扩内需、循环经济、节能降耗、城镇化等，这其中就蕴藏了太多的创业机会。

案例：不动政策，怎么吃"螃蟹"

刚从学校毕业的小吴，是第一位从市工商局副局长手中接过"个人独资企业营业执照"的小老板。但是，就在他迈出第一步时，他几乎对国家大幅度放宽私营企业投资条

件、降低投资门槛等鼓励政策一无所知,这无疑对跃跃欲试的小昊来说,预示着一系列的创业风险。

充分了解国家的有关政策和法规,是对每一个创业者必不可少的要求。不懂规则,怎能行动,盲目出击,又哪里有希望!

(十)从外地到国外寻找创业机会

由于各地和各国之间发展的不均衡、信息的不对称,因此,其中就蕴藏了大量的创业机会。例如,我国知名的几大网站(搜狐、新浪、网易、淘宝等)的运营模式无一不是源自美国。又如,对于今天在北京、上海等一线城市流行的东西,如果将其移植到外地,不就是创业机会吗?当然,在复制外地或国外的项目时,务必要对其进行仔细分析。

案例:回家创立摄影楼

在河南某高校的职业生涯规划大赛上,有学生介绍了这样一个案例。几个来自于同一县城的学习平面设计的同学,大三暑假期间在郑州的一个婚纱摄影店实习。实习中,萌生了回老家开婚纱摄影店的想法。

他们回老家后,有目的地进行了调研,发现县城虽然有几家婚纱摄影店,但是其观念落后,摄影效果根本无法与郑州的店铺相比。而且通过调查还得知,本县每年的结婚人数不少于9000对,市场规模不小。

于是,在家长的帮助下,他们开始了选址和筹划工作。一个月后,一家全新的婚纱摄影楼在县城繁华街道诞生。开张的那天,就有络绎不绝的人来了解和预约。没过多久,他们的预约单排到了来年的7月,生意相当红火。还没毕业,他们的店就作为学校的实习点接待了几个平面设计专业的学生实习。他们不仅在经济上取得了不菲的收入,而且在心理上收获了很大的成就感。

第二节 自主创业的条件

一、自主创业的个人条件

对一个创业者来说,真正让你焦虑的问题是在开始创业后,你经常会遇到诸如资金、人才、市场等各种困境,如果你没有一个良好的心理素质,就很难在残酷的市场竞争中破浪前进。因此,创业者必须具备良好的心理素质,否则,你的创业梦想很可能会被残酷的现实击得粉碎。

(一)要有坚定的信念和强烈的创业意识

自信是一个人成就事业的基础。对于创业者来说,要坚信"人定胜天""天生我材必有用",要坚信自己的选择是正确的,要相信自己定能成功。创业者必须表明他们不仅相信自己,而且相信他们正在追求的事业,以此来感染和说服他人,取得信任和支持,这对于事业的成功十分重要。

此外,要想取得创业的成功,创业者还必须具备自我实现、追求成功的强烈的创业意识。强烈的创业意识可帮助创业者克服创业道路上的各种艰难险阻,将创业目标作为自己的人生奋斗目标。创业的成功是思想上长期准备的结果,事业的成功总是属于有思想准备的人,也属于有创业意识的人。

(二)敢于担当,能谋善断

读书时,你不用操心,父母给你安排好了一切,你的道路很清晰。上班时,作为一个普通员工,或者你已经习惯了老板或上司给你分配工作任务,或者你有相对固定的工作内容,一些难以决断的事情还可以请教上司,请教同事,甚至请上司定夺。如果需要你做决定时,即使你要承受一定的风险和责任,也相对有限。一句话,你可以有一定的依赖性,省省脑筋,让别人拿主意就行了。

而当你选择了自己创业,你将无法再享受这种依赖性了。一切都要靠你自己,你必须自己拿主意,没有人可以帮你最终决断,你必须对自己负责,父母和朋友只能起辅助作用,甚至根本无法依靠。这时你就必须培养自己独立的分析能力和决策能力,你必须自己给自己制订工作计划,学会管理时间和事务。你必须自己决定企业的经营和发展方向,自己决定怎样调配资源。今天要考虑进什么产品,明天要考虑怎样提高销售额。尤其是创业开始时,事无巨细都要自己参与,有时即使事情非常复杂,让你难以决断,但你最终还得拿出一个主意。

所以,面对困难时你有主见吗?一个决定可能赌上全部家当,这时你敢担当吗?面对复杂局面,你能当机立断吗?这些都是你创业前应该审慎思考的问题。

当然,当机立断不等于独断专行,拒绝他人意见,要善于和他人合作,要学会接纳别人的不同意见。在充分考虑各种情况之后,要当机立断,迅速形成决议,马上执行。

(三)专注自己的领域,紧盯目标不动摇,咬定青山不放松

专注很重要。生活中,也许我们更习惯于做加法,不断地给自己制定人生目标,可实际上,减法比加法更重要。有些事,不是我们不想做,而是无法做好。柳传志曾经讲过,联想做事情的前提有三个:没有好的商业模式不做,有好的商业模式但没有钱不做,有好的商业模式也有钱但没有合适的人,也不做。因此,联想的成功在很大程度上正是源于专注。柳传志回忆,联想成长过程中有很多赚钱的机会,但都因与联想专注的领域不相符,最后没有去做。当时看好像是亏了,可实际上,正是专注使联想避免了资金链断裂的危险,使之能集中人力、物力、财力做好电脑,最后让联想成为国内计算机行业第一品牌。因而,真正成就联想的是专注。

什么是专注?专注就是朝同一个方向做持续不断的努力。著名企业家冯仑讲过:"想在人生的路上投资并有所收益、有所回报,第一件事就是必须在一个方向上去积累,

连续的正向积累比什么都重要。"专注能让我们更专业,更有突破力。我们知道,每个人在学习或做事时都会遭遇自己的"成长上限",大部分人因为无法突破"成长上限"而放弃。突破成长上限需要专注的力量。如果我们不停地向一个方向加力,这些力就会彼此叠加,反之,如果方向不一样,力与力之间尽管可能还是会彼此加强,可真正分解到我们需要方向上的力就会减少。因而,专注就是将自己的注意力长时间地集中在一个领域,用心地去探索这个领域内的规律。专注能使我们排除各种不必要的干扰,能让我们心无旁骛,也能让我们所有付出的努力都能成为前进和突破的一种基础和一种条件,这样,突破力就能得到极大增强。

对一个企业来讲,如果专注于一个领域,或用心地去做一个品牌,其带来的好处是巨大的。一是能集中资金,不会出现因资金链断裂而失败,企业运行的风险大大减小。二是品牌能不断朝一个方向积累,知名度和认同度可得到持续增加。三是客户群的情感认同不断强化。很多客户在长时间使用某个品牌后,会产生一种情感上的认同和依赖,并会说服朋友加入该品牌。四是专业能力持续有效增加。首先是员工的专业能力不断增加,其次是经验、技术的不断积累。随着专业性的不断强化,企业运营和管理的成本会大幅下降。五是领先带来的收益持续增加。如果企业因专注而最终成为行业领先,更能为企业带来不可估量的收益。这种收益源自客户的信赖及品牌在客户心中打下的烙印。

专注可以使我们的每一次行动、每一个行为(无论成功或失败)都能成为一种资源,一种对未来发展有用的资源。苹果公司面对微软的巨大市场优势坚守自己的事业,最终迎来今天空前的辉煌。但是,专注绝不是因循守旧。例如,柯达公司曾经几乎是胶卷的代名词,可是面对数码技术的发展,由于它拒绝变革,终于不得不在2012年宣布破产。

对个人来讲,专注就是确定生命的主线。人的精力非常有限,一生能做好一件事已经非常不容易。人生真正有价值的东西是质量而不是数量。要知道老子只给后世留下一部短短5000字的《道德经》,却成为中国历史上最伟大的思想家和哲学家。而很多所谓著作等身的人,却早已被人们遗忘。在人生的成就上,深度要比广度重要得多。因而,人生一定要有一条主线,我们所有生命的设计都应该围绕这条主线进行,这样,所有的努力才能形成合力,才能让我们达到常人无法企及的高度。专注,是一个成功创业者的必备心理素质,你做好准备了吗?

(四)要百折不挠,永不言弃,学会反省

因为是自己的事业,你会面临很多压力,经营处于低潮怎么办?客户纠纷怎么处理?员工工作不称职怎么办?工商税务怎么应付?现金流中断怎么办?遇见突发事件怎么办?这一切都会让你产生压力感和挫折感,让你痛苦,让你辗转难眠。你会觉得,经商咋就这么累,这么烦,有时候你甚至想放弃。严重的压力感和挫折感还有可能影响你的判断能力和决策能力,使你工作效率低下,甚至影响你的身体健康。同时,创业还面临一定的风险,你也有可能失败,甚至辛辛苦苦筹集的资金全都打了水漂,让你第一次创业就遭受沉重的打击。

因此,要创业,就必须做好抗压的心理准备。面对各种困难的狙击,一定要坚强地站着,要坚信"风雨过后一定会有彩虹"。要树立一个信念:只要有信心、决心、智慧、勇气和不屈不挠的精神,以积极的态度去迎接挑战,就一定能渡过创业的难关。

此外,还要学会反省。成功更多是试出来的,创业成功是个小概率事件,所以一次创业失败,不用苛责自己,要马上总结、调整,再找机会。年轻是大学生的优势,能赢得起,也能输得起。"跌倒了,爬起来,拍一拍衣裳,不带着一丝悲伤,继续投入那个让你着迷的游戏,就像小时候一样。"这种心情,你准备好了吗?

请记住:反省其实是一种学习能力,反省的过程就是学习的过程。有没有自我反省的能力,具不具备自我反省的精神,决定了创业者能不能认识到自己所犯的错误,能不能改正所犯的错误。成功创业者有一个共通之处,就是都非常善于学习,非常勇于进行自我反省。曾子(孔子的弟子)说:"吾日三省吾身。"意思就是应该时时刻刻警醒、反省自己,唯有如此,才能时刻保持清醒。

(五)有爱心、有责任心,懂得分享

大家都知道办企业经商要讲"诚信",无信不能立足,而诚信的心理基础就是"爱心、责任心"。从某种角度讲,创业就是一种责任心的体现,是对责任更多的担当。

作为创业者,一定要懂得与他人分享,一个不懂得与他人分享的创业者不可能将事业做大。只有当创业者舍得付出,舍得与员工分享,员工才会忠诚于企业,才会充分发挥自己的聪明才智,为企业创造更大的效益。

此外,分享不仅仅限于企业或团队内部,对创业者来说,对外部的分享有时候也同样重要。在南存辉的发家史上,曾经进行过4次大规模的股权分流,从最初持股100%,到后来只持有正泰股权的28%,每一次当南存辉将自己的股权稀释,将自己的股权拿出来,分流到别人口袋里去的时候,都伴随着企业的高速成长。但是南存辉觉得自己并没有吃亏,因为蛋糕做大了,自己的相对收益虽然少了,但是绝对收益却大大地提高了。

当然,分享不是慷慨,而是一种明智。做生意的人都会算账,只不过有些人算的是大账,有些人算的是小账。商业法则:算大账的人做大生意,做大生意人;算小账的人永远只能做小生意,做小生意人。

(六)要有创新精神,志存高远,勇于开拓

在竞争激烈的市场中,缺乏创新的企业很难站稳脚跟,改革和创新永远是企业活力与竞争力的源泉,能在创新中寻找事业的突破点是当代创业者必备的素质。

此外,成功的创业者都是机会的开拓者。他们抱负远大,使命感强,永不满足现状,善于在不断变化的环境中寻找新的商机,开拓新的事业。成功的创业者一定是机会导向型的企业家,他们思考问题的逻辑首先是机会,其次才是实现机会所需的资源。只要有机会,他们就愿意冒适度的风险去追逐和开拓机会中的商业价值。金钱是创业者的动力

之一,但创业者不仅仅为金钱所激励,他们能从事业成功中体验快乐,而不是把财富作为唯一的最终回报。

案例:华丽快餐在北京出奇制胜

对创业者来说,无所谓"大智慧小智慧",能把事情做好,能赚到钱就是好智慧。京城白领没有几个没有吃过丽华快餐的,京城的大街小巷经常能看见漆着丽华快餐标志的自行车送餐队。

丽华快餐由一个叫蒋建平的人创立,起家地是江苏常州,开始不过是常州丽华新村里的一个小作坊,在蒋建平的精心打理下,很快发展为常州第一快餐公司。几年前,当蒋建平决定进军北京时,北京快餐业市场已近饱和。蒋建平剑走偏锋,从承包中科院电子所的食堂做起,做职工餐兼做快餐,这样投入少而见效快;由此推而广之,好像星火燎原,迅速将丽华快餐打入了北京市场。假如蒋建平当初进入北京,依循常规,租门面、招员工、拉开架式从头做起,恐怕丽华快餐不会有今天。

(七)要有开阔的眼界、宽广的胸怀、谦虚好学的态度

对于创业者来说,只有具备广博的见识、开阔的眼界,才能有效地拉近自己与成功的距离,使创业活动少走弯路。一个创业者的眼界有多宽,他的事业也就会有多大。同时,眼界的作用不仅表现在创业者的创业之初,它会一直贯穿于创业者的整个创业历程。

有多大的心胸,就能做多大的事。心胸开阔、从善如流是成功的创业者修身待人处世的重要品质。创业者自信而不自满,面对挑战性的工作,他们常常能保持清醒的头脑,认识到自己的局限性和必须不断学习的必要性,他们渴望并从不放弃学习的机会。在任何时候,他们都不满足于已掌握的信息,不停地寻找更多的信息。

在沟通时,他们倾向于提问而不是陈述,注意倾听来自他人的建议、意见和批评,愿意根据新的经验修正既有的观念。

研究表明,成功的创业者能发现别人所不能发现的机会,有两个关键因素存在:一是这些人能更好地获取关键信息——信息能够帮助识别机会或者形成新的创意。二是这些人能更好地使用信息——整合或解释别人没有注意到的机会。

(八)要通人情世故

一个创业者要懂得人情世故。"世事洞明皆学问,人情练达即文章。"创业的首要目的是为了合理合法地赚钱,为自己和员工谋福利,而不是为了改造社会。创业更不是为了要跟谁赌气,你非要如何如何,非要让对方觉得你这个人如何如何,你才觉得心里舒服。创业是一个在夹缝里求生存的活动,创业者只有先顺应社会,创业才有成功的可能。

当然,创业者通人情世故,绝不是不要自己的理想和人生的基本准则,关键是把握好"度",即如何在理想和现实之间找到一个平衡点。当然,对"度"的把握说起来容易,做好却很难。此外,"度"不是静态的,而是始终变化的,它会因人、因事、因时而异。

(九)要具有良好的心态调节能力

绝大多数创业者的创业过程都不是一帆风顺的,创业者注定要与孤独和挫折为伴。因此,创业者如何在逆境中保持乐观而稳定的心态十分重要。如果没有一种好的心态,一旦遇到问题和挫折,就会怨天尤人、萎靡不振。反之,如果有了好的心态,即使遇到困难和挫折,自己也会静下心来,仔细分析问题,并找出解决的办法。

由于大学生创业者年纪尚轻,诸事顺利,因此一般都心高气傲,有着强烈的自尊。所以,建议刚毕业的大学生在开始创业时应放低姿态,从而使自己能够平静地去接受一切可能的打击。

(十)要有竞争意识

竞争是市场经济最重要的特征之一,是企业赖以生存和发展的基础,也是一个人立足社会不可缺乏的一种精神。人生即竞争,竞争本身就是提高,竞争的目的只有一个——取胜。随着我国社会主义市场经济从低级向高级发展,竞争愈来愈激烈。从小规模的分散竞争,发展到大集团集中竞争;从国内竞争发展到国际竞争;从单纯的产品竞争发展到综合实力的竞争。因此,创业者如果缺乏竞争意识,实际上就等于放弃了自己的生存权利。创业者只有敢于竞争、善于竞争,才能取得成功。

二、有效筹措资金足自主创业的前提

创业者初创企业时,由于缺乏信用记录且企业规模较小,因此,融资渠道是比较狭窄的。就我国而言,创业初期的融资渠道主要包括以下几种。

(一)向亲朋好友借钱

个人筹集创业启动资金最常见、最简单而且最有效的途径就是向亲朋好友借钱,它属于负债筹资。其优势在于向亲朋好友借钱一般不需要承担利息,也就是说,向亲朋好友借钱没有资金成本。因此,这种方式只在借钱和还钱时增加现金的流入和流出。这种方法筹措资金速度快、风险小、成本低,缺陷是可能会给亲友带来资金风险,甚至是资金损失。如果创业失败,就会影响双方感情。

(二)从银行或其他金融机构贷款

银行或其他金融机构(如信托公司)是正规金融部门,它们在向借贷人贷款时有严格的条件和审查程序。

首先,它们通常要求你填写一份借款申请表,并在表后附上你的创业计划。

其次,银行一般需要贷款抵押品或质押品,如私人房产、银行存单、有价证券等。如以私人房产作抵押,还要办理房产价值评估等手续。而且,银行或金融机构为了降低风险,一般不会按抵押品的实际价值给你贷款。它们通常要确保抵押资产的价值高于你的贷款和未付利息款。如果你的企业失败了,你将失去这些个人资产。可见,向正规金融部门贷款是不易的。即使你有抵押品,借贷机构还会提出不同的利率和贷款条件。

对于新创立的企业,因无法提供太多的有关将来的营运资料,所以需准备下列资料:

1. 提供一份详细的经营计划,说明将如何运用融资来经营事业。

2. 证明贷款到期时有偿还能力。

3. 证明在此行业或类似行业有良好的经验。

4. 证明已有足够的资金来担保,银行只承担合理的风险。

5. 如果可能的话,提出已获得的客户订单以及公司未来的计划,证明有能力偿还贷款。

(三) 申请国家政策性贷款

目前,为了帮助个人创业,国家正在制定各种相关政策和法规。其中,建立小额贷款信用担保基金和担保体系,就是解决中小企业融资难的有效措施。你在寻找资金时,也可以寻找这些信用担保体系的帮助。

以河南省为例,该省为鼓励大学生创业,将有创业愿望和具备创业条件的高校毕业生纳入小额担保贷款政策扶持范围。小额担保贷款的额度一般不超过5万元,贷款期限2年,贷款到期后最长可以展期2年,属于微利项目的,由财政全额贴息,但展期不贴息。对大学生创业办企业,新招用登记失业人员达到企业现有在职职工总数30%以上的劳动密集型小企业或集中使用残疾人员的企业,根据实际招用人数,合理确定贷款额度,最高不超过200万元。

(四) 从供货商处赊购原材料或商品

如果创业者与供货商比较熟悉,也可以考虑从供货商处赊购原材料或商品,从而缓解资金压力。不过,对于大多数供货商而言,只有在弄清楚你的企业确实能够运转良好之后,才可能为你提供赊账。

(五) 向商品购买者预收货款

对于单件价值高,或者批量大的产品,企业可以向商品购买者预收一定数量的货款,这也是企业筹集资金的一条渠道。预收货款对于周转资金不足,或要扩大再生产但没有足够资金的企业来说,有利于解决资金紧缺的矛盾。

(六) 典当融资

典当是指当户将其动产、财产权利作为当物质押或者将其房地产作为当物抵押给典当行,交付一定比例费用,取得当金并在约定期限内支付当金利息、偿还当金、赎回典当物的行为。典当行是指依照《中华人民共和国公司法》和《典当行管理办法》设立的专门从事典当活动的企业法人。现在,典当行是以实物占有权转移形式为非国有中小企业和个人提供临时性质押贷款的特殊金融企业。

典当融资的优点是方式灵活、手续简便,什么都可以当,如不动产、机动车、有价证券、金银饰品等,其缺点是融资费用较高。

(七)融资租赁

融资租赁是指出租人根据承租人对租赁物件的特定要求和对供货人的选择,出资向供货人购买租赁物件,并租给承租人使用,承租人则分期向出租人支付租金,在租赁期内租赁物件的所有权属于出租人所有,承租人拥有租赁物件的使用权。租期届满,租金支付完毕并且承租人根据融资租赁合同的规定履行完全部义务后,对租赁物的归属没有约定的或者约定不明的,可以协议补充;不能达成补充协议的,按照合同有关条款或者交易习惯确定。仍然不能确定的,租赁物件所有权归出租人所有。

融资租赁是集融资与融物、贸易与技术于一体的新型金融产业。由于其融资与融物相结合的特点,出现问题时租赁公司可以回收、处理租赁物,因而在办理融资时对企业资信和担保的要求不高,所以非常适合中小企业融资。

(八)申请"天使投资"

"天使投资"属于风险投资,是指投资于非常年轻的公司以帮助这些公司迅速启动的投资(金额通常不会太大)。在风险投资领域,"天使"这个词指的是企业家的第一批投资人,这些投资人在公司产品和业务成型之前就把资金投入进来。

天使投资人通常是创业企业家的朋友、亲戚或商业伙伴,由于他们对该企业家的能力和创意深信不疑,因而愿意在业务远未开展起来之前就向该企业投入资金。

案例:创新工场的商业模式

创新工场(英文 Innovation Works)由李开复博士创办于2009年9月,是一家致力于早期阶段投资、并提供全方位创业培育的投资机构。创新工场的投资方向是信息产业最热门的领域,包括移动互联网、消费互联网、电子商务和云计算。创新工场孵化出的产品有点心、豌豆荚、知乎、啪啪等。

创新工场的商业模式是"天使投资+孵化器+创业指导",它通过针对早期创业者需求的资金、商业、技术、市场、人力、法律、培训等提供一揽子服务,帮助早期阶段的创业公司顺利启动和快速成长。同时帮助创业者开创出一批最有市场价值和商业潜力的产品。可以说,从产品到融资,创新工场都全方位嵌入支持,与创业团队共同研发、推广产品。

(九)申请创业基金(风险投资)

创业基金又称创业投资、风险投资、风险资本等,是指由专业投资人提供的投资于快速成长并且具有很大升值潜力的新兴公司的一种资本。创业基金通过购买股权、提供贷款或既购买股权又提供贷款的方式进入这些企业。

目前,我国不少地方政府、国家相关部门、大学、企业甚至个人等设立了很多创业基金,其详情可去网上各创业网站查看。

案例:红杉风投

红杉树是地球上最大的(可能也是最长寿的)植物,高达100米,直径可达8米,寿命长达2200年。1972年,投资家唐纳德·凡伦汀在硅谷创立了一家风险投资公司,以加州特有的红杉树命名。该公司进入中国后,取名红杉风投。

红杉风投是迄今为止最大、最成功的风险投资公司。它投资成功的公司占整个纳斯达克上市公司市值的十分之一以上,包括苹果公司、Google公司、思科公司、甲骨文公司、Yahoo公司、网景公司和YouTube等IT巨头和知名公司。红杉风投在美国、中国、印度和以色列大约有50名合伙人,包括公司的创始人凡伦汀和因为成功投资Google而被称为"风投之王"的麦克·莫利兹。

红杉风投的投资对象覆盖各个发展阶段的未上市公司,从最早期到马上就要上市的公司。红杉风投内部将这些公司分成3类:

种子孵化阶段(Seed Stage)。这种公司通常只有几个创始人和一些发明,要做的东西还没有做出来,有时公司还没有成立,处于天使投资人投资的阶段。红杉风投投资思科时,思科就处于这个阶段,产品还没搞出来。

早期阶段(Early Stage)。这种公司通常已经证明了自己的概念和技术,已经做出了产品,但是在商业上还没有成功,当初它投资Google时,Google就处于这个阶段。当时Google.com已经有不少流量了,但是还没有挣钱。

发展阶段(Growth Stage)。这时公司已经有了营业额,甚至有了利润,但是,为了发展,还需要更多的资金。这个阶段的投资属于锦上添花,而非雪中送炭。

红杉风投在每个阶段的投资额差一个数量级,分别为10万到100万、100万到1000万和1000万到5000万。

其他风投喜欢投快速盈利的公司,而红杉风投更喜欢投快速发展的公司,即使它的风险较大,如苹果、Google、Yahoo等公司都属于这类公司。

三、优势互补的团队是自主创业的基础

(一)优秀创业合作伙伴通常应具备的素质

要组建创业团队,就要选择优秀的创业合作伙伴。那么,哪些人可以作为候选人呢?一般来讲,一个优秀的创业合作伙伴应具备如下特点:

1. 慈孝。一般来讲,一个懂得孝敬父母和关爱长辈的人通常是值得信赖的。相反,如果一个人对父母都不好,这样的人人品肯定有问题,是坚决不能交的。

2. 果断。做事果断,敢于担责是一种优秀的品质。如果一个人胆小怕事、瞻前顾后,他只会成为你创业的障碍,而绝不会是推手。

3. 诚信。我们常讲,做人、做事应以诚信为本。如果一个人连起码的诚信都没有,大家在做事时相互防范,这样的合作是不可能进行下去的。

4. 成熟,有韧劲。恨不得一天赚100万,一万年太久,只争朝夕。这样的朋友还是不合作为好。你要知道,万事开头最难,制订半年甚至一年不赚钱且能坚持下去的备用计划,这才是创业的王道。

5. 专注。很多人思想新潮、想法很多,总是这山望着那山高。他们不了解,很多事情专注最重要,一个人一辈子真正能精通一两个领域就已经很不简单了。因此,我们在选择合作时应该选择做事专注、踏实之人,而不是见异思迁、志大才疏之辈。

6. 认真。做事不认真,敷衍了事,这是所有公司应摈弃的员工,这种人更不可能成为合作伙伴。

7. 开朗。创业肯定会遇到困难,没有困难的行业肯定不赚钱。性格开朗的人是最容易成就事业的,每天忧心忡忡,茶饭不思,不知明天会如何的人,做事怎么会有激情。

8. 现实。思考问题和看问题从政治家角度出发,言行如政府官员或党派领袖,动不动就到了造福全人类的层次。这样的人通常眼高手低,初看感觉好像是具有雄才大略之人,实则只会纸上谈兵。既有远大理想,又能面对现实、脚踏实地的人,才是我们合作的伙伴。

9. 讲效率。这个社会快半步吃饱,慢半步逃跑。任何事情如果不能以最快速度去做、去完成,就等着失败吧。因此,和一个做事不讲效率的人合作,你的企业在当今社会是很难生存的。

10. 忠诚于角色。创业不是儿戏,如果不能精诚合作,大家是根本没必要聚集一起的。如果合作各方都认为自己很强,互相不服气,都想当董事长或总经理,当不成就处处显示自己在企业中的影响,这样的合作还是趁早散伙为好。

俗话说得好,家有千口,主事一人。对于一个企业来讲,必须有一个核心。对于其他人而言,必须各安其位,各司其职。

11. 不虚荣。开张伊始,就要坐大班台、装修办公室、请小姐接电话……和这样的人合作,开张只是关张的前奏而已。创业初期还是先多想想怎么赚钱,而不是花钱吧!

12. 不狂妄。如果朋友觉得老子天下第一,一出手就得惊天动地大手笔。和这样的人一起创业,成功的希望很渺茫。"三人行,必有我师",一个人无论多么聪明,如果没有一颗谦虚、谨慎、善于学习的心,终究难成大器。

与前面相对应,下面这些人绝对不适合成为你的创业伙伴:

1. 空想家。他们最爱说"有一天我会很有钱",梦想30岁退休,可实际上他甚至不知道怎么解决下个月的吃饭问题。

2. 独裁者。在他们的字典里没有"错"这个字。对讨论、分享没有任何兴趣,他喜欢独自做决定,然后通知他的合伙人。

3. 校园明星。他们在校园里的"管理经验"和"拉赞助的经验"是常用来说服你的理由。他会说一个理念,然后告诉你方向、执行方案,看上去都没有问题。但是,他没做过,而且还没你有经验。

4. 目标不一致者。他其实不太同意你的想法,但是他想赚钱。也许他能和你共患难,但是当你需要进一步做出判断,比如,是保持现状,还是增加设备投资或者人力投入时,他会毫不犹豫地坚持前者,因为后者会给他带来风险而不是利润。

5. 败家子。没有茶水间、咖啡机、桌球室……在他眼里这不能算是个公司。他要求的是装修奢华的办公室、飞机里的头等舱,最好再配一位美女秘书。

6. 悲剧男/女主角。他们身上总萦绕着悲伤的故事。比如,要开会,他的车抛锚了;公司有事,他的孩子撞到头了;要去找投资项目,他的妻子开始闹离婚;加班,他病了。

7. 只是想有稳定收益的。他觉得人生就应该是5点半下班,7点钟一定是和家人围坐在饭桌前的时刻。如果你不推他,他的计划永远停在那里。如果公司不太稳定,他立刻会涌起撤股的念头,因为他需要一份"轻松能挣钱"的生意。

(二)组建优秀创业团队的要点

一项针对创业者能力的研究报告也指出,组成团队与管理团队是成功创业者需要具备的主要能力之一。由于组成创业团队的基石在于创业远景与共同信念,因此创业者需要提出一套能够凝聚人心的远景与经营理念,从而形成共同的目标与企业文化。

一般而言,要组建一个成功的创业团队,应特别注意以下几点。

1. 彼此了解。创业团队的所有成员都应该相互非常熟悉,知根知底。《孙子兵法》中云:"知己知彼,百战不殆。"在创业团队中,团队成员都应非常清醒地认识到自身的优劣势,同时对其他成员的长处和短处也一清二楚,这样可以很好地避免团队成员之间因为相互不熟悉而造成的各种矛盾、纠纷,从而强化团队的向心力和凝聚力。

请注意,我们这里所说的了解是真正的了解,而不是仅仅浮在面上的了解。例如,尽管许多大学生创业时选择的合作伙伴都是亲戚、同学、朋友、校友等,但还是很快就失败了,其根本原因在于:虽然他们选择的合作伙伴都是他的"熟人",但是他对这些"熟人"并不真正了解。

2. 相互信任。近年来,中关村每年的企业倒闭率都在25%左右,其中很重要的一个原因就是创业团队内部不团结,大家彼此之间相互猜疑。

而要建立和维护创业团队成员之间的信任,简单地说,一是要增强信任,二是要防止出现不信任,避免信任转变为不信任。信任是一种非常脆弱的心理状态,一旦产生裂痕就很难缝合。要消除不信任及其带来的影响往往要付出巨大的代价,所以防止不信任比增强信任更加重要。

一般来说,创业者在选择创业伙伴时主要考察对方的人品和能力。相对于能力而言,人品更加重要,它是人们交往和合作的基础,也是决定一个人是否值得信任的前提。

3. 理念一致,目标相同。首先,所有团队成员都必须认同大家共同确定的创业目标、分配制度、管理制度、企业发展战略、经营理念、企业文化等,都必须保持对企业长期经营的信心。

其次,所有团队成员都必须认识到,团队是一体的,所有成败都是整体的而非个人的。大家必须能够同甘共苦,必须将团队利益置于个人利益之上。团队中没有个人英雄主义,每位成员的价值表现为其对团队的贡献。大家愿意牺牲短期利益来换取长期的成功果实,而不计较短期的薪资、福利、津贴等。

再次,所有团队成员都必须对工作抱有满腔激情,必须要有每天长时间工作的准备。任何人,不管他(她)的专业水平多么高,如果没有激情,将无法适应艰苦的创业生活。

最后,所有团队成员均应了解企业在成功之前将会面临的挑战,并承诺不会因为一时困难而退出。如确有特殊原因需提前退出团队,必须优先将股权转让给团队成员。当企业面临困难时,大家必须齐心协力,共同面对,共同解决。

4. 取长补短,相得益彰。从人力资源管理的角度来看,建立优势互补的创业团队是保持创业团队稳定的关键。研究表明,大多数创业团队组成时,并未考虑到成员专业能力的多样性,大多是因为有相同的技术能力或兴趣,至于管理、营销、财务等能力则较为缺乏。

因此,要使创业团队发挥最大的能量,在创建团队时不仅仅要考虑相互之间的关系,更重要的是考虑成员特点之间的互补性,如彼此之间性格、经验、专长、技术等的互补,以此来达到团队的平衡。

例如,一个纯粹由技术人员组成的公司容易出现以技术为主、产品为导向的情况,从而使产品的研发与市场脱节;而全部由市场和销售人员组成的创业团队由于缺乏对技术的领悟力和敏感性,容易迷失方向。

一般来说,一个优秀的创业团队必须包括以下几种人。

(1)一个很好的"领袖":此人必须能够高瞻远瞩,能够为企业制定明确的战略、战术;他必须有很好的人品,处事公正,能够服众,能够团结整个团队;他还必须具有很好的协调能力,能够及时化解团队成员间的矛盾。

(2)一个很好的"管家":此人主要负责企业的日常运营及各项规章制度的制定。由于企业日常事务非常琐碎,因此,此人必须心思缜密、工作细致。

(3)一个很好的"财务总管":资金是企业的生命线,因此,创业团队中最好有一个好的"财务总管",他能合理地安排企业收支,能够帮助企业融资。

(4)一个很好的"营销总监":我们经常说,产品是基础,营销是龙头。如果营销不行,产品就不能变成钱,企业只有关门大吉。

此外,如果创业企业是一个技术类企业,可能还需要一个很好的技术专家,从而帮助企业不断地将技术或产品推陈出新,始终站在行业的前沿。

值得注意的是,在一个创业团队中,绝不能出现两个优势相同的人。例如,两个人都是营销高手,或者两个人都善于管理等。一旦如此,今后必然少不了各种矛盾,甚至会导致整个创业团队散伙,这样的例子不胜枚举。

总之,团队竞争是创业企业赖以战胜大企业的主要法宝。大企业可以聘用非常好的职业经理人,而创业企业只能通过团队精神在人力资源上超过大企业。所以,寻找到好的优势互补的合作伙伴,是创业成功的保证。当代社会,社会分工越来越细,最专业的事就要交给最专业的人去做,胜算才会更大。

四、广泛有效的社会关系是自主创业的保障

美国钢铁大王卡耐基说过:"专业知识在一个人的成功中的作用只占15%,而其余的85%则取决于人际关系。无论你从事什么职业,学会处理人际关系,能够掌握并拥有丰厚的人脉资源,你就在成功的路上走了85%的路程。"

人脉是一个人通往财富、成功的入门票,两百年前,胡雪岩因为善于经营人脉,而得以从一个倒夜壶的小差翻身成为清朝的红顶商人,两百年后的今天,检视政商界成功人士的成功轨迹,你会发现,他们都因为拥有一本雄厚的"人脉存折",才有了之后的辉煌成就。

(一)人脉关系的来源

人脉从何而来,按其重要性来看,首先是同学资源,其次是职业资源,最后是朋友资源。

1.同学资源。现在社会上同学会很盛行,仅北京大学,各种各样的同学会就有好几十个,周末的时候,到北大、清华、人大等校园走走,会发现有很多看上去不像学生的人在里面穿梭。其中有许多人是花了大价钱从全国各地来进修的。学知识是一方面的原因,交朋友是更重要的原因。

在《科学投资》研究的上千个创业者案例以及在阳光巴士的诸多创业会员中,我们都可以看到同学的身影,有少年时代的同学,有大学时代的同学,更有各种成人班级如进修班、研修班上的同学,也有与同学类似的战友。同学之间因为接触比较密切,彼此比较了解,同时因为少年人不存在利害冲突,成年人则大多数从五湖四海走到一起,彼此也甚少存在利害冲突,所以友谊一般都较可靠,纯洁度更高。对于创业者来说,是值得珍惜的最重要的外部资源之一。

2.职业资源。第二是职业资源。对创业者而言,效用最明显的就属职业资源。所谓职业资源,即创业者在创业之前,为他人工作时所建立的各种资源,主要包括项目资源和人际资源。从原本所从事行业所积累的资源入手,创业者往往更容易驾轻就熟,这也成为了许多人创业成功的捷径和法宝。

据调查,国内离职下海创业的人员,90%以上利用了原先在工作中积累的资源和关系。

案例:阳光巴士曾有一位水培花卉学员,之前一直在帮某花卉植物基地送货,他的足迹也遍布市区各大花卉市场和花卉植物商铺,在多年的工作中,不仅熟知这些花卉植物店的需求和位置,和许多老板也都混得十分熟络。随着各方面资源的积累,这位学员便开始想着自己做点生意,考虑到传统植物花卉市场空间已经十分狭小,于是便想到了水培,凭借之前积累的资源,他种植的水培很快便被各大商家引进,轻松实现了创业的开门红。

3.朋友资源。居于第三位的是朋友资源。朋友可以是同学、战友、老乡,也可以是社会上的三教九流,只要大家谈得来,交得上,就好像十八般兵刃,到时候不定就用上了哪般。在家靠父母,出门靠朋友,朋友总是多多益善的。一个创业者如果不能交朋友,没有几个朋友,肯定只有死路一条。人脉,可说是创业者最重要的资源,而人际交往能力自然也是创业者需要掌握的最重要素质。

(二)人脉资源的管理

1.了解需求,满足需求。有句话说得好"你要想钓住鱼,就要像鱼那样思考"。也就是说,我们必须弄清楚鱼在想些什么,想吃什么,然后投其所好。当然,经营人脉资源不能简单地理解为钓鱼,但有些道理是相通的。

首先,你要像对待尊贵的顾客那样,了解人脉对象的基本情况,比如家庭状况、收入状况、学历教育背景、兴趣爱好、价值观、工作生活习惯、职业事业理想目标、性格特点等各方面的细节,有必要的话还要在备忘录或数据库中记录备忘。

其次,掌握人脉对象目前工作生活中最大的需求是什么,最看重什么,看看自己能为对方做些什么,能帮上什么忙,能提供些什么参考建议等。

最后,无论对方的需求多么千差万别,但有一些基本需要是基本相同的,那就是被赞美、被尊重、被关心、被肯定、被同情、被理解、被帮助等。通过适当的赞美、尊重、关心、肯定、理解等行为,让对方感到你对他的重视,他对你的重要,自然对方就有一种满足感。

2.用二八原理经营人脉资源。企业经营管理中有一个著名的"二八"理论,通常的意义是说,在企业中20%的产品在创造着企业80%的利润,20%的顾客为企业带来80%的收入,20%的骨干在创造着80%的财富,80%的质量瑕疵是由20%的原因造成的等。二八原理告诉我们,要抓住那些决定事物命运和本质的关键的少数。

经营人脉资源也是如此。也许,对你一生的前途命运起重大影响和决定作用的,也就是那么几个重要人物,甚至只是一个人。所以,我们不能平均使用我们的时间、精力和资源,我们必须区别对待,我们必须对影响或可能影响我们前途和命运的20%的贵人另眼相看,我们必须在他们身上花费80%的时间、精力和资源。

3.友情投资宜走长线。友谊之花,须经年累月培养;做人做事,不可急功近利。善于放长线的人才能钓大鱼。四通八达的人脉网络需要用心地浇灌、细心地呵护,所以,最好将人脉资源经营管理纳入你的长期和短期的职业、事业规划中,逐步养成经营人脉的习惯。

可以根据不同层次的人脉资源分类,确定相应的联系拜访、聚会等频次。在常规的节假日,或对方的特殊日子里,如生日,你不妨打一个问候的电话或发一条祝福的短信,或寄上一份精致的礼物,尤其对于20%的关键的少数,更需要细心去经营。

案例：某中小企业的董事长长期承包那些大电器公司的工程，对这些公司的重要人物常施以小恩小惠，这位董事长的交际方式与一般企业家的交际方式的不同之处是：不仅奉承公司要人，对年轻的职员也殷勤款待。谁都知道，这位董事长并非无的放矢。事前，他总是想方设法将电器公司中各员工的学历、人际关系、工作能力和业绩，作一次全面的调查和了解，认为这个人大有可为，以后会成为该公司的要员时，不管他有多年轻，都尽心款待。这位董事长这样做的目的是为日后获得更多的利益作准备。

这位董事长明白，十个欠他人情债的人当中，有九个会给他带来意想不到的收益。他现在做的"亏本"生意，日后会利滚利地收回。所以，当自己所看中的某位年轻职员晋升为科长时，他会立即跑去庆祝，赠送礼物，同时还邀请他到高级餐馆用餐。年轻的科长很少去过这类场所，因此对他的这种盛情款待自然倍加感动，心想：我从前从未给过这位董事长任何好处，并且现在也没有掌握重大交易决策权，这位董事长真是位大好人！无形之中，这位年轻科长自然产生了感恩图报的意识。正在受宠若惊之际，这董事长却说："我们企业公司能有今日，完全是靠贵公司的抬举，因此，我向你这位优秀的职员表示谢意，也是应该的。"这样说的用意，是不想让这位职员有太大的心理负担。

这样，当有朝一日这些职员晋升至处长、经理等要职时，还记着这位董事长的恩惠。因此在生意竞争十分激烈的时期，许多承包商倒闭的倒闭，破产的破产，而这位董事长的公司却仍旧生意兴隆，其原因是由于他平常关系投资多的结果。

总观这位董事长的"放长线"手腕，确有他"老姜"的"辣味"。这也揭示求人交友要有长远眼光，尽量少做临时抱佛脚的买卖，而要注意有目标的长期感情投资。同时，放长线钓大鱼，必须慧眼识英雄，才不至于将心血枉费在那些中看不中用的庸才身上。

4.亮出你的价值。现代社会，每个人都在寻找比自己更成功的人。如果你想结交更多的朋友，就要展现出你的价值，展现出你身上独特的魅力，用你的思想与智慧去赢得人心，告诉他们你能为他们带来什么重要的价值。

第三节 自主创业的准备

一、关于创业的基本知识

（一）创业计划书

一般来说，创业计划书主要包括封面、目录、计划摘要、产品介绍、人员及组织结构、营销策略以及附录（如果需要的话）等部分。其中，封面的设计要令人赏心悦目，产生最初的好感，形成良好的第一印象。下面我们重点介绍计划摘要、产品介绍等具体内容的编写要点。

1.计划摘要。计划摘要列在创业计划书的最前面,它浓缩了创业计划书的精华。计划摘要涵盖了计划的要点,以求一目了然,从而使读者能在最短的时间内评审计划并做出判断。

计划摘要一般包括:公司介绍、主要产品或服务、市场概貌、营销策略、销售计划、生产管理计划、管理者及其组织、财务计划、资金需求状况等。

在介绍企业时,首先要说明创办新企业的思路、新思想的形成过程以及企业的目标和发展战略。其次,要交代企业现状、过去的背景和企业的经营范围。在这一部分中,要对企业以往的情况做客观的评述,不回避失误。中肯的分析往往更能赢得信任,从而使人容易认同企业的创业计划书。最后,还要介绍一下创业者自己的背景、经历、经验和特长等。企业家的素质对企业起着关键性的作用。在这里,企业家应尽量突出自己的优点并表示自己强烈的进取精神,给投资者留下一个好印象。

计划摘要应尽量简明、生动,特别要详细说明自身企业的不同之处以及企业获取成功的市场因素。一般来说,一份好的计划摘要仅需两页纸就足够了。

2.产品(服务)介绍。在进行投资项目评估时,投资人最关心的问题之一就是:企业的产品、技术或服务能否以及在多大程度上解决现实生活中的问题,或者,企业的产品(服务)能否帮助顾客节约开支、增加收入。因此,产品介绍是创业计划书中必不可少的一项内容。

通常,产品介绍应包括:产品的概念、性能及特性,主要产品介绍,产品的市场竞争力,产品的研究和开发过程,发展新产品的计划和成本分析,产品的市场前景预测,产品的品牌和专利等。

在产品(服务)介绍部分,企业家要对产品(服务)作出详细的说明,说明要准确、通俗易懂,使不是专业人员的投资者也能明白。一般情况下,产品介绍都要附上产品原型、照片或其他介绍。

由于产品(服务)介绍的内容比较具体,因而写起来相对容易。虽然夸赞自己的产品是推销所必需的,但应该注意,企业所做的每一项承诺都是"一笔债",都要努力去兑现。要牢记,企业家和投资家所建立的是一种长期合作的伙伴关系。空口许诺,只能得意一时。如果企业家不能兑现承诺,其信誉必然要受到极大的损害。

3.人员及组织结构。有了产品之后,创业者第二步要做的就是结成一支有战斗力的管理队伍。企业管理的好坏,直接决定了企业经营风险的大小。而高素质的管理人员和良好的组织结构则是管理好企业的重要保证。因此,风险投资家会特别注重对管理队伍的评估。

企业的管理人员应该是互补型的,而且要具有团队精神。一个企业必须要具备负责产品设计与开发、市场营销、生产作业管理、企业理财等方面的专门人才。

在创业计划书中,必须要对主要管理人员加以阐明,介绍他们所具有的能力,他们在

本企业中的职务和责任,他们过去的详细经历及背景。此外,此部分内容还应对公司的结构进行介绍,具体包括:

公司的组织机构图;各部门的功能与责任;各部门的负责人及主要成员;公司的报酬体系;公司的股东名单,包括认股权、比例和特权;公司的董事会成员;各位董事的背景资料等。

4.市场预测。当企业要开发一种新产品或向新的市场扩展时,首先就要进行市场预测。如果预测的结果并不乐观,或者预测的可信度让人怀疑,那么投资者就要承担更大的风险,这对多数风险投资家来说都是不可接受的。

首先,市场预测要对需求进行预测,例如,市场是否存在对这种产品的需求?需求程度是否可以给企业带来所期望的利益?新的市场规模有多大?需求发展的未来趋向及其状态如何?有哪些因素会影响需求?其次,市场预测还要包括对市场竞争的情况——企业所面对的竞争格局进行分析:市场中主要的竞争者有哪些?是否存在有利于本企业产品的市场空当?本企业预计的市场占有率是多少?本企业进入市场会引起竞争者怎样的反应,这些反应对企业会有什么影响?等等。

在创业计划书中,市场预测应包括:市场现状综述、市场需求预测、竞争厂商概览、目标顾客和目标市场、本企业产品的市场地位。

创业者对市场的预测应建立在严密、科学的市场调查基础上。企业所面对的市场本来就有变幻不定、难以捉摸的特点,因此,创业者应尽量扩大收集信息的范围,重视对环境的预测和采用科学的预测手段和方法。创业者应牢记的是,市场预测不是凭空想象,对市场错误的认识是企业经营失败的最主要原因之一。

5.营销策略。营销是企业经营中最富挑战性的环节,影响营销策略的主要因素有:消费者的特点、产品的特性、企业自身的状况、市场环境方面的因素,而最终影响营销策略的则是营销成本和营销效益。

在创业计划书中,营销策略应包括:市场机构和营销渠道的选择、营销队伍建设和管理、促销计划和广告策略、价格决策。

对于处于不同发展阶段的企业来说,其营销策略是不同的。对于创业企业来说,由于产品和企业的知名度低,很难进入其他企业已经稳定的销售渠道中去。因此,企业不得不暂时采取高成本、低效益的营销战略,如上门推销,大打商品广告,向批发商和零售商让利,或交给任何愿意经销的企业销售等;而对发展中的企业来说,它一方面可以利用原来的销售渠道,另一方面也可以开发新的销售渠道以适应企业的发展。

6.制造计划。创业计划书中的生产制造计划应包括:产品制造和技术设备现状、新产品投产计划、技术提升和设备更新的要求、质量控制和质量改进计划。

7.财务规划。财务规划需要花费创业者较多的精力来编写,其中主要包括了现金流量表、资产负债表以及损益表的制备。

首先,流动资金是企业的生命线。因此,企业在初创或扩张时,对流动资金需要有预先周详的计划和进行过程中的严格控制。

其次,损益表反映了企业的赢利状况,它是企业在一段时间运作后的经营结果。

最后,资产负债表反映了企业在某一时刻的财务状况,投资者可以用资产负债表中的数据得到的比率指标来衡量企业的经营状况以及可能的投资回报率。

在创业计划书中,财务规划一般要包括:创业计划的条件假设、预计的资产负债表、预计的损益表、现金收支分析、资金的来源和使用。

可以这样说,一份创业计划书概括地提出了在筹资过程中创业者需做的主要事情,而财务规划则是对创业计划书的支持和说明。因此,一份好的财务规划对评估企业所需的资金数量、提高企业取得资金的可能性是十分关键的。如果财务规划准备得不好,会给投资者以企业管理人员缺乏经验的印象,这样会降低企业的评估价值,同时也会增加企业的经营风险。那么,如何制定好财务规划呢?这首先要取决于企业的远景规划——是为一个新市场创造一个新产品,还是进入一个财务信息较多的已有市场。

着眼于一项新技术或创新产品的创业企业不可能参考现有市场的数据、价格和营销方式。因此,它要自己预测所进入市场的成长速度和可能获得的纯利,并把它的设想、管理队伍和财务模型推销给投资者。而准备进入一个已有市场的企业则可以很容易地说明整个市场的规模和改进方式。企业可以在获得目标市场信息的基础上,对企业头一年的销售规模进行规划。

编写财务规划时,应保证财务规划和创业计划书中的假设相一致。事实上,财务规划和企业的生产计划、人力资源计划、营销计划等都是密不可分的。

要完成财务规划,必须要明确下列问题:

(1)产品在每一个期间的发出量有多大?

(2)什么时候开始产品线扩张?

(3)每件产品的生产费用是多少?

(4)每件产品的定价是多少?

(5)使用什么分销渠道,所预期的成本和利润是多少?

(6)需要雇用哪几种类型的人?雇用何时开始,工资预算是多少?等等。

(二)企业创立流程

为方便投资者创业,各级政府及其管理部门都为创业人员提供包括工商、财税、融资、劳动用工、社会保障等政策咨询和信息服务在内的全方位服务。为方便登记者,企业登记机关也会依据法定条件和法定程序办理企业设立登记程序。虽然如此,创业者自身也应该了解和熟悉创业企业设立的一般流程,这对于提高创建的效率来说是非常重要的。

一般而言,创业企业的设立流程如下:第一步,企业的选择,即选择合适的企业组织形式;第二步,名称设计,即设计新创企业和企业产品的名称;第三步,登记注册,具体包括企业名称登记、工商注册、税务登记和其他登记备案事项。

1.选择企业组织形式。"我想创业,我注册一家什么样的公司合适?"或者"我想创业,我采取一种什么样的组织形式合适?"这个问题是创业者创业首先遇到的一个问题。

毫无疑问,这是一个重要的问题。创业过程就是一个建立组织和组织逐渐成长、发育的过程。创业第一步,除了资金上、资源上、心理上的准备等之外,极为重要的一件事就是针对自身情况,选择一个合适的企业组织形式。一般来说,企业选择的法律组织形式有个人独资企业、合伙企业和公司企业三种,在我国,还存在个体工商户、中外合资经营企业、中外合作经营企业等形式。

(1)个体工商户:个体工商户是指生产资料归劳动者个人所有,以自己个人的劳动为基础,劳动成果由劳动者个人占有和支配的市场经营主体。

个体工商户的设立条件较为简单,包括:①有经营能力的城镇待业人员、农村村民以及国家政策允许的其他人员;②申请人必须具备与经营项目相应的资金、经营场地、经营能力及业务技术。

大学生刚从大学毕业时,没有较多的创业基金,所以一般都是以个体工商户为起点进行创业。

(2)个人独资企业:个人独资企业是最为简单的企业组织形式,是指依照《个人独资企业法》在中国境内设立的,由一个自然人投资,财产为投资人个人所有,投资人以其个人财产对企业债务承担无限责任的经营实体。

个人独资企业是非法人型企业,个人独资的财产属投资人个人所有,在企业财产无法清偿债务时,由投资人以个人独资企业以外的财产承担。个人独资企业尤其适于初涉市场、资金实力有限的创业者。

根据《个人独资企业法》规定,设立个人独资企业应当同时具备下列条件:①投资人为一个自然人;②有合法的企业名称;③有投资人申报的出资;④有固定的生产经营场所和必要的生产经营条件;⑤有必要的从业人员。

(3)合伙企业:合伙企业是指按照《合伙企业法》在中国境内设立的,由各合伙人订立合伙协议,共同出资、合伙经营、共享收益、共担风险,并对合伙企业债务承担无限连带责任的营利性组织。

合伙企业也是非法人型企业,不具备法人资格。在现代企业中,合伙企业所占比例很高,中外实践证明,合伙企业是一种灵活、简便又不失一定规范和规模的企业组织形式。设立合伙企业,应当具备下列条件:①合伙人应当为两个或两个以上的具有完全民事行为能力的人。合伙企业设立时,无民事行为能力的人与限制民事行为能力的人不得作为合伙人;法律、行政法规禁止从事营利性活动的人不得成为合伙企业的合伙人,如国家公务员。合伙人都应当依法承担无限责任,不存在承担有限责任的合伙人;②合伙企业必须有书面合伙协议。合伙协议是由各合伙人协商一致,明确各合伙人权利义务的法律文件。合伙协议应采取书面方式订立,经全体合伙人签名、盖章后生效。合伙人依照合伙协议享有权利,承担义务。合伙协议生效后,全体合伙人经协商一致,可以修改或者进行补充。

(4)公司企业——有限责任公司:当前,我国的经济正处于转轨时期,现代企业制度建设是这一时期的一项重大"工程",而现代企业制度的核心就是公司制。由于公司是所有企业组织形式中最成熟、最规范、最先进的,所以,不少投资者在进行投资时都选择了公司这一企业组织形式。

根据我国《公司法》规定,设立有限责任公司,应当同时具备下列条件:①股东符合法定人数。一般情况下,有限责任公司由50个以下股东出资设立;②股东出资达到法定资本最低限额。有限责任公司的注册资本为在公司登记机关登记的全体股东认缴的出资额。公司全体股东的首次出资额不得低于注册资本的20%,也不得低于法定的注册资本最低限额,其余部分由股东自公司成立之日起两年内缴足;其中,投资公司可以在5年内缴足。有限责任公司注册资本的最低限额为人民币3万元。法律、行政法规对有限责任公司注册资本的最低限额有较高规定的,从其规定;③股东共同制定公司章程。公司章程是公司最重要的法律文件,是公司内部组织与行为的基本准则。有限责任公司的公司章程必须由股东共同制定,所有股东应该在章程上签名盖章。我国《公司法》对公司章程必须载明的法定事项作出了明确规定;④有公司名称,并建立符合有限责任公司要求的组织机构。有限责任公司名称是公司的标志。公司依法享有名称权,经注册的公司名称受法律保护。有限责任公司应依法设立股东会、董事会或执行董事、监事会或监事等组织机构;⑤有公司住所。

2.确定企业法人名称。企业法人名称通常简称为企业名称,是用文字形式表示一个企业区别于其他企业或组织的特定标志。

企业名称一般由字号(商号)、所属行业(经营特点)、组织形式3部分组成,前面可以加上所在地区行政区域名称。例如,"北京×××科技发展有限公司""上海×××文化发展中心""北京×××食品厂""南京×××商店""杭州×××技术开发中心"等。

(1)行政区划:行政区划指本企业所在地县级以上行政区域的名称或地名。

(2)字号:企业名称中的字号应当由两个以上汉字组成,行政区域名称不得用做字号,但县以上行政区域地名具有其他含义的除外。此外,也可以使用自然人投资人的姓名作字号。

(3)行业:企业名称中的行业表述应当是反映企业经济活动性质所属国民经济行业或者企业经营特点的用语。名称中的行业特点应与主营行业相一致。企业经营活动性质分别属于国民经济行业不同大类的,应当选择主要经济活动性质所属国民经济行业类别用于表述企业名称中的行业。

(4)组织形式:依据《中华人民共和国公司法》《中华人民共和国中外合资经营企业法》《中华人民共和国中外合作经营企业法》《中华人民共和国外资企业法》申请登记的企业名称,其组织形式为有限公司(有限责任公司)或者股份有限公司;依据其他法律、法规申请登记的企业名称(如合伙企业、个人独资企业等),组织形式不得申请为"有限公司(有限责任公司)"或"股份有限公司",非公司制企业可以申请用"厂""店""部"等作为企业名称的组织形式。

3.企业登记注册程序。创业企业从事经营活动,必须到工商行政管理部门办理登记手续,领取营业执照,如果从事特定行业的经营活动,还须事先取得相关主管部门的批准文件。企业设立后,需要税务登记,需要会计人员处理财务,这其中涉及税法和财务知识,创业者需要了解企业需要缴纳哪些税项。

(1)名称预先核准:我国在公司登记工作中实行公司名称预先核准制。申请公司名称预先核准时,应由创业企业的代表或其委托代表人向登记主管部门提出名称预先核准申请,并提交如下文件:①有限责任公司的全体股东或者股份有限公司的全体发起人签署的《公司名称预先核准申请书》;②股东或发起人的法人资格证明或者自然人的身份证明;③公司登记机关要求提交的其他文件。

(2)确定企业法人住所:企业法人住所指企业法人的主要办事机构所在地,也是确定登记主管机关和司法机关管辖的依据。

(3)确定经营范围:经营范围指国家允许企业法人生产和经营的商品类别、品种及服务项目,反映企业法人业务活动的内容和生产经营方向,是企业法人业务活动范围的法律界限,体现企业法人民事权利能力和行为能力的核心内容。

(4)撰写公司章程:公司章程是公司设立的最主要条件和最重要的文件,是关于公司组织和行为的基本规范。公司章程不仅是公司的自治法规,而且是国家管理公司的重要依据:①公司章程是公司设立的最主要条件和最重要的文件;②公司章程是确定公司权利、义务关系的基本法律文件;③公司章程是公司对外进行经营交往的基本法律依据。

(5)开具验资证明:验资证明是会计师事务所或审计师事务所及其他具有验资资格的机构出具的证明资金真实性的文件。

委托人委托验资机构验资需按规定办理委托手续,填写委托书,并提交下列文件:①公司章程;②公司名称预先核准通知书;③投资单位上月末资产负债表;④投资人的合法身份证明;⑤各类资金到位证明;⑥验资机构要求提交的其他文件。

验资后,验资机构应出具验资报告,连同验资证明材料及其他附件一并交与委托人,作为申请注册资本的依据。

(6)办理营业执照:营业执照是指工商行政管理机关发给工商企业、个体工商户的准许从事某项生产经营活动的凭证。其格式由国家工商行政管理局统一规定,主要包括企业名称、企业住所、负责人姓名、公司类型、经营范围、注册资本、实收资本、成立日期、营业期限等。

没有营业执照的工商企业或个体工商户一律不许开业,不得刻制公章、签订合同、注册商标、刊登广告,银行不予开立账户。

根据创办企业的类型不同,企业的营业执照类型分别有《个体工商营业执照》《个体独资企业营业执照》《合伙企业营业执照》《企业法人营业执照》等。

(7)刻制印章:我国法律法规规定任何机关、组织、社会团体、企事业单位、公司及其他法人等刻制公章,必须经主管部门同意,凭有关证明文件向当地公安机关申请,经公安机关审查同意后,到指定的刻制单位刻制。完成刻制后,还需在公安机关及相应的主管部门进行印鉴备案。

(8)办理组织机构代码证:组织机构代码证是社会经济活动中的通行证。组织机构代码是对中华人民共和国境内依法注册、依法登记的机关、企业事业单位、社会团体和民办非企业单位等机构颁发的,在全国范围内唯一的、始终不变的代码标识,其作用相当于单位的身份证号。

各类组织机构,包括国家机关、企业事业单位、社会团体、民办非企业单位和其他依法设立的组织机构应当自批准成立或核准登记之日起30日内,持有关批准文件或者登记证书,到批准成立或者核准登记的机关所在地的质量技术监督部门申请代码登记,领取代码证。

(9)开立银行账户:银行账户是各单位为办理结算和申请贷款在银行开立的户头,也是单位委托银行办理信贷与转账结算及现金支付业务的工具,它具有监督和反映国民经济各部门、各单位活动的作用。根据《银行账户管理办法》,银行账户分为基本存款账户、一般存款账户、临时存款账户和专用存款账户各类账户均有不同的设置和开户条件。

开立银行账户的程序包括以下内容:①向中国人民银行办理银行开户许可手续,取得开户许可证;②企业选定开户银行,向该银行领取开户申请书,如实填写并由主管部门审核盖章后,附上银行开户许可证、营业执照正本和企业代码证正本及复印件交开户银行审核;③银行同意开户后,送交预留印鉴,包括企业财务专用章、法人代表章。

按结算要求,企业只能开设一个基本账户。根据业务需要,企业可以向开户银行购领有关结算凭证,如现金缴款单、支票等,所需款项可用现金支付,也可由银行转账。

(10)办理税务登记证:税务登记证,也叫税务登记证件,是从事生产、经营的纳税人向生产、经营地或者纳税义务发生地的主管税务机关申报办理税务登记时所颁发的登记凭证。

(11)纳税申报:纳税申报是指纳税人、扣缴义务人在发生法定纳税义务后,按照税法或税务机关相关行政法规所规定的内容,在申报期限内,以书面形式向主管税务机关提交有关纳税事项及应缴税款的法律行为。

(12)办理社会保险:根据《社会保障费征缴暂行条例》,创业企业注册后还必须办理社会保险。我国社会保险包括基本养老保险费、基本医疗保险费、失业保险费。根据《社会保险登记管理暂行办法》,对从事生产经营的单位自领取工商营业执照之日起30日内、非生产经营性单位自批准成立之日起30日内,到所在地社会保险经办机构申请办理社会保险登记;跨地区的单位,其社会保险登记地由相关地区协商确定。意见不一致时,由上一级社会保险经办机构确定登记地;缴费单位具有异地分支机构的,分支机构一般应当作为独立的缴费单位,向其所在地的社会保险经办机构单独申请办理社会保险登记。

(三)《高校毕业生自主创业证》申领程序

《高校毕业生自主创业证》的发放对象是毕业年度内在校期间创业的高校毕业生。其中,高校毕业生是指实施高等学历教育的普通高等学校、成人高等学校毕业的学生。毕业年度是指毕业所在自然年,即1月1日至12月31日。

1.学生网上申请。注册登录教育部大学生创业服务网(http://cy.ncss.org.cn),按要求在网上提交《高校毕业生自主创业证》申请。

(1)学籍审核:学籍审核填写内容包括学籍信息中的姓名、18位身份证号码和学历层次。学历层次分为普通专科、普通本科、成人专科、成人本科、硕士研究生和博士研究生。

(2)注册申请

(3)上传照片

申请高校毕业生自主创业证学生上传照片要求如下:①近期一寸彩色正面免冠照片,照片规格:尺寸2.5×3.5cm,像素为413×295;②照片头部占照片尺寸的2/3;③照片为白色、蓝色或红色纯色背景;④人像清晰,神态自然,无明显畸变;⑤图片规格:文件大小200k以内;⑥图片格式:JPG/JPEG/GIF/PNG。

(4)注册成功

2.高校网上初审。所在高校对毕业生提交的相关信息进行审核,通过后注明已审核,并在网上提交学校所在地省级教育行政部门。一般情况下,审核过程需要3-5个工作日。

3.省级教育行政部门复核。省级教育行政部门对毕业生提交的相关信息进行复核并确认。一般情况下,复核过程需要3-5个工作日。

4.高校发放《高校毕业生自主创业证》。复核通过后打印《高校毕业生自主创业证》并下发到高校,毕业生到所在学校领取,原则上应在高校毕业生提交申请后10个工作日之内办结。

二、学习企业管理

创业者除了要具备前面的一些基本素质外,还必须通过学习掌握一些企业管理知识和专业知识,从而为未来的创业打下基础。

所谓管理是指为了实现某种目的而进行的决策、计划、组织、指导、实施、控制的过程:管理的目的是效率和效益。管理的核心是人。管理的本质是协调,协调的中心是人;管理的真谛是聚合企业的各类资源,充分运用管理的功能,以最优的投入获得最佳的回报,以实现企业既定目标。

(一)企业战略管理

战略的意思是"将军指挥军队的艺术"。战略并不是"空的东西",也不是"虚无",而是直接左右企业能否持续发展和持续盈利最重要的决策参照系。

企业战略管理可以定义为一门关于如何制定、实施、评价企业战略以保证企业组织有效实现自身目标的艺术与科学。它主要研究企业作为整体的功能与责任、所面临的机会与风险,重点讨论企业经营中所涉及的跨越如营销、技术、组织、财务等职能领域的综合性决策问题以及涉及企业发展的全局性、长远性的重大问题,如企业的经营方向、市场开拓、产品开发、机制改革、组织机构改组、重大技术改造、筹资融资等。

因此,为企业制定正确的战略并很好地实施是企业的生命线,是企业腾飞的起跳板,一个及时、果敢、英明的战略决策是企业由蛹化蝶、由小到大、由平凡到伟大的最初推动力。相反,错误的战略则会葬送一个企业。

(二)企业计划管理

所谓企业计划管理是指通过预测、规划、预算、决策等手段,把企业的经济活动有效地围绕总目标的要求组织起来。

计划管理体现了目标管理的思想。所谓目标管理是指通过划分组织目标与个人目标,将许多关键的管理活动结合起来,从而对企业实现全面、有效的管理。目标管理是强调系统和整体、自主自控的管理,是重绩效、重成果的管理,是面向未来的管理。

创业者在制订计划时一定要综合考虑各种因素,并尽可能将各种细节都考虑在内,从而形成切实可行的实施方案。此外,在计划实施的过程中,创业者还要针对当时的具体情况进行适时调整。

(三)企业组织管理

企业组织管理包括建立组织结构、规定职务或职位、明确责权关系,使组织中的成员互相协作配合、共同劳动,有效实现组织目标。

企业组织管理主要体现在企业的组织结构设计及各项管理制度上。俗话说:没有规矩,不成方圆。一个企业无论大小,都必须有相应的制度来管理,如图6-2所示。当然,开始时制度可以简单一些、少一些,随着企业的不断发展,可不断制定新的制度并改进以前的制度。

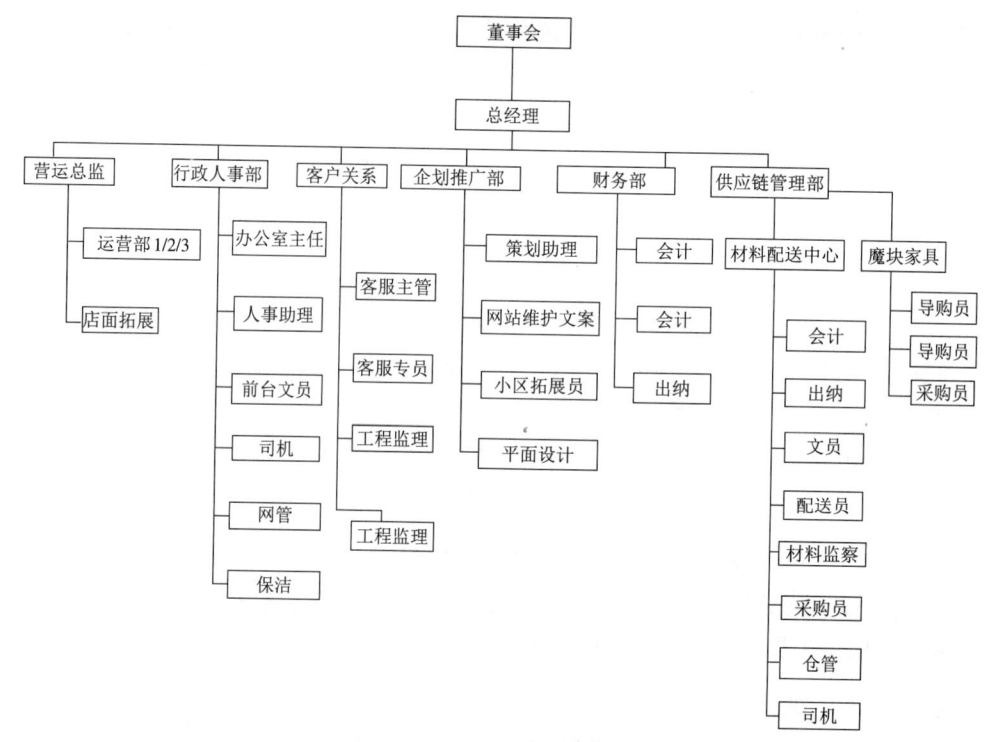

图6-2 企业组织结构图

制定管理制度时要特别注意,企业制度不在多而在精,要使制度进入每个人的心里,为所有员工遵守,真正做到公平、公正、公开、透明。同时,"信誉是金,承诺是负债",企业制度中对员工的承诺一定要兑现。员工们有效率、快乐地工作,是企业发展的关键。

(四)成本管理与财务管理

成本管理是指围绕企业所有费用的发生和产品成本的形成进行成本预测、成本计划、成本控制、成本核算、成本分析、成本考核等;财务管理是指对企业的财务活动,包括固定资产、流动资金、盈利等的形成、分配和使用进行管理。

在初创企业之时,创始人通常会遇到这样两类问题:第一,需要多少资金投入以及形成多大的产量和销量,才可以使企业盈利;第二,在既定的资金需求金额下,自己出多少钱,再借入多少钱,能够使企业的价值最大。解决这两个问题的过程,就是企业管理者怎样确定企业财务杠杆支点的决策过程。支点确定得好,杠杆效益就大。

此外,能够阅读和分析财务报表是企业管理者的一项基本功。一般来说,企业陷入财务困境都非一日之事,但所有迹象无不早已清晰地呈现在财务报表上。企业管理者如能通过阅读和分析财务报表,发现企业管理运作方面的明显缺陷,甚至发现潜在的隐患,及时做出判断和决策并实施相应的措施,将能有效地防患于未然。

案例:某公司是一家代理国内和国际品牌的通信产品的公司,属于商品流通单位,也负责对终极用户的安装。这个公司财务部只有4名会计,他们的财务工作却对整体公司的运作有着强大的约束作用。

鉴于此,该公司推行"人人参与财务管理"的模式。在公司的走廊以板报的形式,由财务人员每天按照合同的具体条目更新现金回收状况。它的出现,引起了公司每个人的关注:业务人员经常来查对,讨论并通过它来跟进自己负责合同的收款进度;主管也可以通过它来获得对二级经销商回款情况的估计。这样,每个人都可以从这里获得重要的信息。在公司,应收账款在收回前只不过被看成是一项市场费用,如果还没有收到货款,就不能算销售已经完成,也没有客户满意度而言,当然也不会给相应的销售人员支付佣金。"人人参与财务管理"的模式,极大地调动了销售人员的积极性,杜绝了销售人员只管签订合同而不管实际收款的情况。

(五)营销管理与商务谈判

营销管理是指为了实现企业或组织目标,建立和保持与目标市场之间的互利的交换关系而对设计项目的分析、规划、实施和控制。营销管理的实质是需求管理,即对需求的水平、时机和性质进行有效的调解。

在营销管理实践中,企业通常需要预先设定一个预期的市场需求水平,然而,实际的市场需求水平可能与预期的市场需求水平并不一致。这就需要企业营销管理者针对不同的需求情况,采取不同的营销管理对策,进而有效地满足市场需求,确保企业目标的实现。

但是,营销管理到底管什么?我们知道,每个人、每个企业在社会上生存和发展都有需要,并愿意付出一定的报酬来满足需要,于是需要就形成了需求。可以通过很多方式来满足需求,有自行生产、有乞讨、有抢夺、有交换等。市场营销的出发点是通过交换满足需求。也就是说,市场营销是企业通过交换,满足自身需求的过程。企业存在的价值在于企业提供的产品能满足别人的需求,双方愿意交换,如此而已。所以需求是营销的基础,交换是满足需求的手段,两者缺一不可,营销管理就是需求管理。

进一步讲,营销管理要管什么需求呢?这个问题涉及企业的很多方面,其中主要是企业、消费者、经销商、终端及销售队伍。例如,企业最大的需求是追求可持续发展,说白了就是可持续赚钱。企业可以短期不赢利,去扩张,去追求发展,但最终目的是赢利。所有的人员、资金、管理等都是企业实现可以持续赚钱的手段。

此外,在创业者人际交往过程中,与人谈判的情况必不可少。要想在谈判中占据主动地位,必须要有很强的谈判能力,而出色的谈判能力源自创业者对谈判内容的准确把握能力、敏捷的思维能力、良好的口才与心理分析能力以及对谈判过程的控制能力等。

案例:商务谈判的真谛

有一个妈妈把一个橙子给了邻居的两个孩子。这两个孩子便讨论起来如何分这个橙子。两个人吵来吵去,最终达成了一致意见,由一个孩子负责切橙子,而另一个孩子选橙子。结果,这两个孩子按照商定的办法各自取得了一半橙子,高高兴兴地拿回家去了。

第一个孩子把半个橙子拿到家,把皮剥掉扔进了垃圾桶,把果肉放到果汁机里榨果汁喝。另一个孩子回到家把果肉挖掉扔进了垃圾桶,把橙子皮留下来磨碎了,混在面粉里烤蛋糕吃。

从上面的情形,我们可以看出,虽然两个孩子各自拿到了看似公平的一半,然而,他们各自得到的东西却未物尽其用。这说明,他们在事先并未做好沟通,也就是两个孩子并没有申明各自利益所在。没有事先申明价值导致了双方盲目追求形式上和立场上的公平,结果,双方各自的利益并未在谈判中达到最大化。

如果我们试想,两个孩子充分交流各自所需,或许会有多个方案和情况出现。可能的一种情况,就是遵循上述情形,两个孩子想办法将皮和果肉分开,一个拿到果肉去榨果汁,另一个拿皮去做烤蛋糕。然而,也可能经过沟通后是另外的情况,恰恰有一个孩子既想要皮做蛋糕,又想喝橙子汁。这时,如何能创造价值就非常重要了。

结果,想要整个橙子的孩子提议可以将其他的问题拿出来一块谈。他说:"如果把这个橙子全给我,你上次欠我的棒棒糖就不用还了。"其实,他的牙齿被蛀得一塌糊涂,父母上星期就不让他吃糖了。

另一个孩子想了想,很快就答应了。他刚刚从父母那儿要了5块钱,准备买糖还债。这次他可以用这5块钱去打游戏,才不在乎这酸溜溜的橙汁呢。

两个孩子的谈判思考过程实际上就是不断沟通、创造价值的过程。双方都在寻求对自己最大利益的方案的同时,也满足对方最大利益的需要。

商务谈判的过程实际上也是一样。好的谈判者并不是一味固守立场,追求寸步不让,而是要与对方充分交流,从双方的最大利益出发,创造各种解决方案,用相对较小的让步来换得最大的利益,而对方也是遵循相同的原则来取得交换条件。在满足双方最大利益的基础上,如果还存在达成协议的障碍,那么就不妨站在对方的立场上,替对方着想,帮助扫清达成协议的一切障碍。这样,最终的协议是不难达成的。

(六)专业技术

创业者在工作中不需要事事精通,面面俱到,但是熟练的专业知识、精湛的专业技能却是保证自己在业内游刃有余的必备条件。尤其对从零开始的创业者来说更加重要,希望集团是从自己的手工作坊发展起来的,例如,宋城集团就是从自己的海南阳光沙滩发家的。现在的社会是人才化社会、个性化社会,想通过权力和财力领导行业人、吃行业饭是不现实的,影星、明星做生意结果血本无归的比比皆是。

(七)内外协调

协调能力是指能够妥善处理与公众(政府部门、新闻媒体、客户等)之间的关系以及能够协调下属各部门、各成员之间关系的能力。协调能力在书本上是学不到的,它实际上是一种社会实践能力,需要在实践活动中学习,不断积累总结经验。

一般来说,可通过如下活动强化协调能力的形成:

一是要敢于与不熟悉的人和事打交道,敢于冒险和接受挑战,敢于承担责任和压力。

二是养成观察与思考的习惯。社会上存在着许多复杂的人和事,在复杂的人和事面前要多观察、多思考,观察的过程实质上是调查的过程,是获取信息的过程,是掌握第一手材料的过程,观察越仔细,掌握的信息就越准确。观察是为思考做准备,观察之后必须进行思考,做到三思而后行。

三是处理好各种关系。可以说,社会活动是靠各种关系来维持的。处理好关系的最高境界是在毫无强迫的气氛里,把诚意传达给别人,使别人受到感应,并产生共识,自愿接受自己的观点。即尽量做到宽以待人,严于律己,既了解对方的立场,又让对方了解自己的立场。

第七章 大学生创业实践案例

第一节 大学生创业成功案例分析

一、案例一:"饿了么"创始人餐饮O2O的创业历程

中国有句俗语叫民以食为天,随着时代的发展,现在我们的生活节奏越来越快,传统餐饮似乎已经开始跟不上节奏,餐饮业O2O平台快速发展起来,下面我们就一起来看"饿了么"创始人张旭豪,通过外卖开启了他打造餐饮界淘宝网的创业历程。

(一)饿着肚子一夜长谈出的创业梦

几年前的一天,在交大机械与动力工程学院宿舍间,张旭豪等几个室友打电脑游戏,玩到午夜12点,饿了。打电话叫外卖,送份宵夜吧。谁知电话要么打不通,要么没人接。大家又抱怨又无奈,饿着肚子聊起来。"这外卖为什么不能晚上送呢?""晚上生意少,赚不到钱,何苦。""倒不如我们自己去取。""干脆我们包个外卖吧。"

没想到聊着聊着,创业兴趣被聊了出来。这几个研一的硕士生开始讨论和设计自己的外卖模式,这一聊就聊到了凌晨四五点。

当天他们便正式行动。先是"市场调研"——暗访一家家饭店,在店门口记录店家一天能接多少外卖电话、送多少份餐。随后,他们毛遂自荐,从校园周边饭店做起,承揽订餐送餐业务。在宿舍里设一门热线电话,两个人当接线员、调度员,并外聘十来个送餐员。只要学生打进电话,便可一次获知几家饭店的菜单,完成订单。接着,送餐员去饭店取餐,再送到寝室收钱。

几个月下来,大大小小17家饭店外包给张旭豪做外卖。他们专门花了几万块钱,印制了"饿了么"外送册,不仅囊括各店菜单,还拉来了汽车美容等周边商家广告,结果基本收回制作成本。整整1万本外送册覆盖到了每个寝室,"饿了么"在校内出了名。

每天从午间干到午夜,要接150~200份单子,每单抽成15%。忙的时候,张旭豪也在校区内跑腿送饭,连叹"不休学还创不了业"。

(二)曾因乱"发单"被封电子账户

这种模式真是苦活,团队里有两人选择退出,张旭豪不得不思变。他准备取消热线电话,取消代店外送,让顾客与店家在网上自助下单接单。

网络并非他们专长,张旭豪在校园网上发帖,招来软件学院的叶峰入伙。他们没有照搬或修改其他网站的架构,而是编制和开发新的架构。足足花了半年开发出的网络平台可按需实现个性化功能,比如顾客输入所在地址,平台便自动测算周边饭店的地理信息、外送范围,给出饭店列表和可选菜单;而在平台那头,饭店实时接到网络点单,可直接打印订单及外送地址。

在网址注册上,他们也不用"www."和".com",掐头去尾只用了简简单单的"ele.me"。大约两年前,"饿了么"网站上线了。为了打广告,他们又设计了一道程序。

一夜间,以校园BBS"站内信"的形式,自动向BBS学生用户发送了3万多份"电子传单"。结果被BBS站长发现,全站屏蔽了与"饿了么"相关的全部内容,甚至无法输入这些字符。张旭豪一气之下找校长室投诉,虽然结果还是站内处罚、账户被封一年,但同时得到的广告效果则是,几乎全校学生都听说了"ele.me"。

上网初始,加盟店就达到了30家左右,每天订单量达500~600单,且每月以60%~70%的速度增加。校方推荐和鼓励他们不断参加创业大赛、申请创业基金,团队先后获得至少45万元资助和奖励。

(三)外校外区逐一"扫街"

交大闵行校区已被"打"下,"饿了么"开始向外突破。首先便是同一条东川路上的华东师范大学闵行校区。正巧此时,华东师大国贸专业的闵婕慕名而来,成为"饿了么"团队第一个外校生,也是第一个女生。她被聘为高校市场负责人。

吸引学生可以靠线上、线下的广告,吸引更多饭店加盟就得靠"扫街"了。"饿了么"通常两人一组,沿街进店推销。一拍即合的当然是少数,更多店家都是将信将疑——"凭什么我在你网上开个页面、放份菜单,你就要抽8%?"

张旭豪的策略是:"谈,不断谈,谈到老板不想跟你再谈,就谈成了"。最忙时,他们每天"扫"100家饭店,其中最难谈的饭店就天天回访,"谈"了40多个回合才拿下。

如法炮制,"饿了么"不仅攻下华师大,连附近的紫竹科学园区也被纳入其"势力范围",顾客群从大学生拓展到企业白领。目前,以交大周边地区为主,"饿了么"平台注册会员超过2万人,日均订单3000份,年交易额达千万元量级。

最近,张旭豪又在网上找到曾经拥有同样梦想的人——陈强。这个上海工程技术大学学生也曾在校开办"QQorder"订餐网站,但撑了3年,终于团队告吹。张旭豪请陈强出山担任"饿了么"首席运营官。就这样,拥有7所高校的松江大学园区也将成为"饿了么"的地盘。而张旭豪电脑里的定制地图上,沪东北、沪东南的所有大学及市中心的办公区写字楼都被标上了红点,甚至还有杭州、北京……

其实,"饿了么"有个奇怪的公司名字:拉扎斯。张旭豪说,这是梵文"激情"的音译。作为一个26岁的上海青年,他有着与脸谱网站创始人马克·扎克伯格一样的年龄和英文名。他虽已早早成婚,却租了闵行市郊一幢别墅,和伙伴们一起办公住宿。他们中,不止一人放弃海外深造或外企工作,但不放弃的就是那份创业激情。

二、案例二:"恋爱笔记"付小龙休学后的365天

本文作者是恋爱笔记CEO,一位1992年出生的大学生付小龙,此前有报道称恋爱笔记获得世纪佳缘180万美金投资。

我叫付小龙,是一名大学生CEO,我们公司的核心产品叫"恋爱笔记",一款专为情侣打造的手机APP,下载量达到200万,公司刚刚获得1000万元融资。

距离休学也已经一年多了,如果不是去年那个冒险的决定,我现在应该和许多刚刚毕业的大学生一样初入社会,而我却走上了另外一条截然不同的道路,经历了从普通大学生到CEO的蜕变,也遇到了形形色色的问题,很庆幸我挺过来了,才有机会和大家分享我这一年来的经历和感悟。

(一)破釜沉舟休学踏上征途

时间回溯到2013年7月1日,我现在依然能清楚地记得,晚饭后辅导员怒气冲冲地来寝室找到我,一上来就是三连发"你期末考试为什么没有考?专业实习为什么不去?是不是不想毕业了?"一阵沉默过后,我只说出了四个字"我要创业!"辅导员依旧不依不饶"管理学过没?财务学过没?什么都不懂,你凭什么创业?你觉得你现在做的这个小东西能用来创业?"我现在都不清楚当时是哪来的勇气和自信,反正我脱口而出"我一定要创业,我暑假一定会拿到投资!"。就在那天晚上,我做出了一个可能影响我一生的决定:休学创业!

手续办完以后,我便彻底放下了学校的包袱,全身心地投入到产品研发上,但各种问题随之而来。自从六月恋爱笔记上线后,资金压力就开始凸显,我一直在尝试各种途径给天使投资人发创业计划书,然而,无一例外全部石沉大海,连和投资人见面的机会都没有。说实话,那段时间我感到前所未有的彷徨,毕业证拿不到了,创业也前途未}、。但我一直暗示自己:年轻就没有什么好怕的,大不了从头再来!

(二)以为是屌丝逆袭却反陷危机

就在我一筹莫展时,在寝室楼下发现了360全国大学生应用开发大赛的海报,第一名可以获得80万天使投资。8月初我们就自掏腰包带着"恋爱笔记"项目赴京参赛。终于,我们从400多支参赛队伍中脱颖而出夺得第一。我还记得当时奇虎360的总裁问我"你为什么参加这次比赛?"我很坚定地说"为了创业,为了得到这80万天使投资,即使我们没获得第一也希望您能投资我们,我就是为了创业而来",现在想一想,这个回答真胆大也很任性。

很幸运地,我们得了第一名,很快消息便在学校和湖北的媒体圈传开了,一时间我从一个默默无闻的屌丝创业者变成了校园内的创业明星,每天都会有记者来采访,也有各种组织邀请我去做演讲。我感觉一切都变了,开始变得浮躁了,放在产品上的精力也越来越少,原计划10月开发完成的恋爱笔记2.0版本,延期了整整两个月才发布。这时候,是团队拉了我一把,他们集体在群里留言:"作为leader,你必须时刻保持头脑清醒、谦虚务实。你在外面吹牛,回来就甩手给兄弟们,你觉得这样还有人愿意跟你吗?"。这句话深深地触动了我,我意识到再这样下去团队一定会垮掉,产品也会随之崩塌。于是我有意识地回避媒体采访和曝光,把所有的精力放回到产品中来,这才有了后面的故事。

(三)从百万投资到千万融资的蜕变

团队稳定后,恋爱笔记2.0版本也顺利上线了,公司也在向好的方面发展。然而新的问题又出现了,"80万投资能花多久?",在成立公司前,我的乐观估计是至少可以维持两年,但三个月后,我发现80万仅能撑一年,而我们的产品在短期内是无法盈利的,这就意味着我必须在一年内获得新的投资,否则公司就要破产。因为之前尝到了参加比赛的甜头,所以这一次我们再没有撒网式地给投资人发创业计划书,而是直接报名参加了创业邦的"创新中国创业大赛"并顺利进入全国总决赛。在这之后,因为这个比赛的强大影响力,开始不断地有投资人主动联系我。

尽管我们已经拿到过天使投资,但是和投资人谈项目时依然稚嫩,第一个投资人问我们需要多少钱时,"我们需要500至1000万""既然你500万和1000万千的效果都一样,那我为什么要给你一千万?",第一次谈判就这样泡汤了。后来,又有投资人问我们"愿意出让多少股份""我们愿意出让10%～20%的股份""我拿10%和20%对于你公司的估值是完全不一样的,你连公司的估值都不确定吗?",显然,这次又失败了。

形势所迫,接下来的一段时间里我开始奔走于北京、上海、深圳等地,国内知名投资机构几乎见了个遍,却颗粒无收,但每一次和投资人谈项目的过程对于我来说都是一次提升的机会,几番苦战以后,我总结出了一套介绍项目的方法,在介绍自己的项目时按照这样的顺利进行介绍:你正在做的是什么?为什么要做这件事?它的市场前景有多大?竞争环境怎么样?你接下来准备怎么做?你的团队是否适合做这件事?你需要多少钱,同时愿意出让多少股份?诚恳而自信也是加分点,你就是个小年轻,就没必要去装成熟。

2014年年中,终于有两家投资机构和我们进入了最后的谈判阶段,经过反复的讨论后,在8月我们选择了世纪佳缘作为我们的投资方,一路跌跌撞撞地完成了从百万到千万的蜕变。

(四)这一年的反思和启发

1.不要把自己当成学生。当我正式休学的那一刻起,我就告诉自己不再是学生了,我是一名创业者。没有人会像在学校里那样让着我了,我所面临的是来自社会的残酷竞争,我必须要和团队成员一起探索未来的路,而不是一意孤行,更不能故步自封。我必须要对公司的未来负责,对团队的每一个人负责。

2.大学生创业一定要"远离"学校。这是我感触最深的一点,大学生创业一定要"远离"学校,创业初期可以通过学校的资源解决一些问题,但当公司进入快速发展期,过度地依赖学校的资源就会影响你的发展速度,这里的依赖主要表现在"人员"上,大学生创业团队最容易出现的现象是团队成员全是在校大学生,这样固然可以节省开支,但是在校大学生有两个大问题:第一是工作时间不可控,无法真正地全身心投入,第二是缺乏实战经验,单位效率比专业人员低,这两个问题综合起来后就会导致公司的发展速度降低至少三四倍。也是因为前辈的指点,我们在公司成立两个月后就将办公场所搬离学校,并招聘有丰富工作经验的伙伴加入。

回过头来看,当初和我们发展相近甚至发展势头更好的校园创业团队,在一年过后基本还是保持原样,还是原来的配方,还是熟悉的味道。

3.不要用战术上的勤奋掩盖战略上的懒惰。最初我每天都恨不得干完所有的事情,总是玩命地干活,却没有把时间放在思考公司的发展上,当团队成员问我"接下来我们怎么发展"时,我总是说走一步看一步,然而,过了一段时间之后就明显感觉到大家虽然每天都很拼命,却不知道为什么要这样,也不知道我们将来会发展成什么样。于是后来我便抽出更多的时间来思考公司接下来的发展,让团队的每一个人都能有明确的目标。

现在的我很感谢过去这一年遇到的种种问题,也很感谢那些帮助过我的人,感谢我的团队陪我一直奋斗到现在。将来,我们一定可以飞得更高、更远!

三、案例三:"新天烘焙"蛋糕店

在绍兴市新建北路5号,有家"新天烘焙"蛋糕店,与其他蛋糕店有点不同,这家店不仅宽敞明亮,而且在店铺的一角摆放着一张圆桌、两张凳子,桌上还放着几本杂志,有点休闲吧的味道。

这家与众不同的蛋糕店的主人,是位刚走出大学校门才两年的年轻人——浙江大学城市学院2006届毕业生陶立群。今年25岁的他,毕业后自主创业,现在已拥有5家蛋糕连锁店和一家加工厂,成为绍兴市里小有名气的创业青年,今年被评为绍兴市创业之星。

2006年6月,陶立群从浙江大学城市学院工商管理专业毕业时,决定开个蛋糕店。他做出这个决定并不是盲目的——大学期间,他曾经经营过校内休闲吧、小餐厅,都做得不错。曾做过"元祖蛋糕"代理的他,对蛋糕市场有所了解,觉得能在这一行闯出一片天地。虽然父母极力反对,但陶立群认准了这条路,决意走下去。2006年夏天,他白天顶着烈日逛绍兴市区大大小小的蛋糕店,看门道、想问题,晚上则躲在房间里查资料,了解市场行情。他还跑到杭州、上海等大城市做蛋糕市场的调查,搞可行性分析。

陶立群的调查有不小的收获:绍兴当时只有"亚都"、"元祖"两家知名品牌蛋糕店,其余的都是本地小蛋糕店,中高档品牌蛋糕市场相对空缺,而且当时绍兴还没有一家蛋糕店的糕点是现卖现烤的。陶立群的创业梦想定位在打造本地中高档蛋糕品牌上。

两个多月后,当满满9页的《新天烘焙蛋糕店可行性策划书》放在父母面前时,陶立群的父母被感动了,他们拿出积蓄支持儿子创业。2006年年底,第一家"新天烘焙蛋糕店"在绍兴市新建北路5号正式开张,陶立群做起了小老板。他将店面分成两部分,前半部分是自选式的透明橱窗,便于顾客自行挑选;后半部分则用来加工糕点,现做现卖。

起早摸黑,对在创业之初的陶立群来说是常事。为节约成本,采购、运货等工作,陶立群都自一个人做。优质的用料、独特的口味、有人情味的服务,赢得了消费者的喜爱。2007年5月、10月,陶立群先后开出第二、第三家连锁店。今年9月,又有两家新天烘焙店在绍兴市区开张。在鲁迅故里做讲解员的曹圣燕是新天烘焙店的忠实顾客,她说,"新天"不仅布置得有情调,并且糕点的品种多、口味好,所以经常买。

谈及今后的打算时,陶立群说,他下一步要在蛋糕店的团队建设上下工夫,并且要不断改善店里的蛋糕品种以及销售服务,打响"新天"品牌,力争开出更多的连锁蛋糕店。

在记者们的采访中,胡启立的《新天烘焙蛋糕店可行性策划书》给他们留下了深刻的印象。成功总是留给那些有准备的人,陶立群在正式创业之前,对自己的能力有清醒的认识,对蛋糕行业有详细的调查、分析,这正是他创业初步成功的基础。大学生创业时不能盲目,一定要对即将进入的行业作充分的了解。

传统的观念认为,作为知识层次高、有一定的专业知识的大学生们来说,"创业"理应是在高科技领域。更有不少大学生一提到创业就好高骛远,丝毫没有想到应该往"小而细"方面去努力创业。

但显然,这一观念早已落伍。由于我国大学生与社会实践脱节现象比较严重,且大学生创业资金又比较少,因此,那些来自"传统行业"的"新创意"式的创业是值得肯定和学习的。例如,复旦大学计算机本科毕业的顾澄勇,在任何人都会的"卖鸡蛋"上,也卖出了"新创意",他成功开发出"阿强"鸡蛋的"网上身份查询系统",满足了大家对鸡蛋新鲜卫生的需求。

此外,建收废品网站"创业"、擦皮鞋开连锁店创业、卖铁板烧创建"大学生铁板烧连锁店"创业等,都让一些大学生尝到了创业的成功和快乐。

希望计划创业的大学生能从这三个案例中学到一些能够利用到自己身上的一些东西。面对就业压力,面对生活压力,你应该怎么选择。机会靠自己争取,别怕苦、别怕累、别怕碰壁、别怕失败,要自信、要坚持,放弃休息、放弃舒服,用实际的行动、用自己的双手、用自己的创新掘取属于你的第一桶金吧!

第二节 大学生创业失败案例分析

社会中创业失败者比比皆是,成了大学生不敢创业的重要原因,创业培训专家提醒毕业生,大可不必因噎废食。大学生可以从失败的创业事例中吸取经验教训,使自己在创业之路上少走弯路。

一、案例一:失败的"第一研究生面馆"

遥想当年:成都"第一研究生面馆"开张。自古君子远庖厨。去年12月24日,该市另一所高校食品科学系6名研究生声称自筹资金20万元,在成都著名景观——琴台故径边上开起了"六味面馆"。

(一)壮志雄心:5年后开20家连锁店

第一家店还未开张,6位股东已经把目光放到了5年之后,一说到今后的打算,他们6位异口同声地说:当然是开分店啦! 今年先把第一家店搞好,积累经验,再谈发展。我们准备两年内在成都开20家连锁店,到时候跟肯德基、麦当劳较量较量。

(二)情伤钱损:无人管理,草草收场

而目前,由于面馆长时间处于无人管理和经营欠佳的状况,投资人已准备公开转让。这家当初在成都号称"第一研究生面馆"的餐馆仅仅经营了4个多月,就不得不草草收场。

(三)内中滋味:研究生门馆关门有内幕

原本想以"研究生"之名来制造广告轰动效应,但事情的发展却出人预料。"研究生面馆"开业不久,6名研究生就一个个被学校领导找去谈话,要他们在学业和面馆之间做出选择:要么退出,要么退学。

分析可知,这些研究生创业失败的原因大致在以下三个方面:

1.生意不红火,管理上也出现混乱。6位研究生功课繁忙,店堂内经常无人管理。

2.附近商家:"味道不好,分量不足,吃不饱。"面馆所在街道非繁华商业市区。

3.每月支出庞大,入不敷出。令"第一研究生面馆"的远大梦想付之东流。

二、案例二:出师未捷欠债百万

还没有毕业就负债近百万?上海市第二中级人民法院对上海某高校学生秦坚民(化名)下达了一纸判决书,秦坚民将负连带赔偿95万元。近百万的债务就这样板上钉钉地摆在他的面前。据悉,这是近年来学生创业遭遇的最严重的挫折之一。

两年多前,秦坚民还是一个大四的学生。他想为就业积累经验,便四处寻找实践机会。当时恰逢联通公司的CDMA在扩张时期。当时联通公司与上海美天通信工程设备公司签订了销售代理协议,将以直销方式在校园发展用户。每台手机700元的补贴款和不菲的酬金让秦坚民动心了。获取这一信息后,他决定要尝试一下。他根据要求找到了上海想云科技咨询有限公司与美天公司签协议,在高校师生中发展CDMA客户。

为尽快拓展校园市场,秦坚民还邀请了同学做他的助手,开始了他第一次的创业经历。吸引他成为校园代理的重要原因,就是联通公司提供的优厚条件。根据双方签订的

《CDMA校园卡集团用户销售协议书》，秦坚民可以以优惠的价格向大学校园内的客户销售CDMA手机，要求客户购买联通公司UIM卡入CDMA网，并至少使用两年。而作为报酬，秦坚民每发展一个客户，根据不同的业务种类，可以获得手机补贴费、业务酬金等，收入不菲。

高额回报和急于求成的心理让秦坚民忽略了合同中一个细节的重要性。合同规定，所发展的用户必须凭学生证、教师证原件和复印件才能购买这个CDMA的手机套餐业务，而外地生源的学生还必须有学校的担保。也就是说，严格的身份认证是联通公司这笔业务成功的关键，一旦发现有恶意登记的"黑户"存在，秦坚民就需要负责任。

学生们似乎都对这个问题并不在意。秦坚民和他的"助手"们在自己的学校里以直销形式发展客户，生意出奇的好。一开始，他们还像模像样地查看、登记学生证和教师证，但是后来这道程序就成了摆设。很多社会上的人得知校园里有卖便宜手机，便趋之若鹜。他们中的一部分别有居心地带来各种假的身份证件，秦坚民和助手们却无暇审查身份，于是就埋下了祸根。

仅仅两个月的时间里，秦坚民就发展了4196个客户，而其中有1000多个客户是冒牌"校园客户"，他们中有无主户、不良用户和虚假用户440多户，他们大肆恶意拖欠话费，有的话费异常。上海联通公司无法通过身份登记寻找到这些客户，损失百万余元。联通将秦坚民告上了法庭。于是秦坚民还没有踏上工作岗位，便亏欠近百万元。

《上海商报》郁先生指出，在市场经济体制下，任何一单生意、任何一项经济活动都含有风险，都会有成功的希望和失败的可能。其成败取决于该项活动、生意责任人的事先判断、谨慎周到的运营，灵活应变的决断，还包括一些不可预测的因素。在公正公平的市场法则下，不论结果如何，都要由责任人来承担。这是市场经济所要求的，秦坚民的教训值得大学生关注。

三、案例三：两个月就关张的食品杂货店

学生小刘毕业后一直想自己做老板，看到邻居在小区里开了一个食品杂货店收益一直不错，颇为心动。于是，小刘租了小区内一个库房做店面，筹集了一万多元钱做启动资金，进了一些货品，开了一家食品杂货店。但是经营了两个月后，小刘的食品杂货店就撑不住了，不得已关张。

为什么同样是食品杂货店，邻居可以干得红红火火，小刘的店就经营惨淡呢？原来，小刘为了突出自己食品杂货店的特色，没有像邻居一样进茶、米、油、盐等大众用品，而是将经营范围锁定在沙司、奶酪、芝士等一些西餐调味食品上。但是小区里的居民对她的货品需求少，加之她店面的位置在小区边缘，而且营业时间不固定，由着她的性子开，很多邻居都不愿意绕道过去，所以也就没生意了。

四、案例四：窝窝头和矿泉水的失败

23岁的王飞今年大学毕业，他看好创业杂粮窝窝头市场。在家人资助下，他投资近20万元，在郑州市北郊建了一家食品厂，专门生产、销售杂粮窝窝头。

王飞曾满怀信心，"我要向三全、思念一样做品牌！将来在北方百万人口以上的城市包括北京在内都要建分厂……"带着这样的憧憬，王飞注创业册商标、改造厂房、做宣传、雇人员，颇有当"老板"的气势。

但是，由于一没经验、二没人脉，加上给销售商的返点不高，王飞的窝头每天只能卖300袋左右，而维持工厂运转的基本销售数量就得1000袋。

"现在已经坚持不下去了，所有的创业资金都用完了，我有点想放弃了。"王飞说。

无独有偶，另外一位创业大学生徐志军也遇到了问题，他的遭遇更令人同情。

8月底，正在寻找项目的徐志军看到了一则转让启事，一对中年夫妇经营中的矿泉水站要转让，看到水站似乎有钱可赚，冲动的徐志军把母亲辛苦做豆腐拼赚来的2万元钱交给了这对夫妻，而在此之后，夫妻俩再也不见踪影。"没有想到他们是骗我的，现在只剩了满屋的空桶，根本没有人要水。"

五、大学生创业失败原因剖析

根据王飞的创业历程和企业现状，中国国情研究会企业发展研究中心研究员、河南省营销协会专家委员会委员窦惠忠，中国大学生创业网创业总裁赵长升两位专家和大学生创业者雷太需给王飞做了"诊断"和"治疗"。

（一）把脉

首先要说的是，缺乏实力搞"低价充量"会吃亏，有实力才有资格以低价取胜。营销专家窦惠忠认为，王飞的这个食品厂采取的销售模式是典型的"低价充量"模式。这种做法适合于资金雄厚的大公司，通过低价运行、大量的宣传来占领市场。最后，通过占有高的市场份额，以高销售量来弥补低价、低利润的损失，最终达到盈利的目的。

"如果企业没有足够的资金来倒贴的话，那么往往就会在销售量提高之前就会陷入资金无法运转的状况，王飞就是个典型的例子。"窦惠忠说，像这样创业没有足够储备资金的小企业，首先要解决的是生存下去的问题。一开始就应该采取特色主打，用高利润弥补销售量的不足带来的损失。

其次就是销售环节没有给予足够重视。中国大学生创业网总裁赵长升给出的意见是：要盈利，首先要搞清楚我生产的产品卖给谁。确定了消费群体后，要快速低成本地到达那个群体。所有创业者都要牢记：销售才是企业生产的最终目的[①]，销售创业环节对于企业来说非常重要，只有销售才有利润才能生存。

---

①徐华强.如何经营一个有盈利的面包店[J].食品科技,2004,4:42-43.

(二)药方

创业不易学会"借钱""借势"发展。对于大学生创业者的"冲动",赵长升给出了这样的建议:"刚步入社会的大学毕业生,要学会'借力生财',巧妙地'借'别人的优势来发展自己,一是'借'钱,二是'借'势。"

"借钱"就是利用国家针对大学生创业的各项优惠政策来弥补资金不足的问题。"大学生创业可以获得政府的贷款帮助、政策帮助。如果利用得当,完全可以省去不少投资成本,避免日后流动资金缺乏。"

"借势"就是利用社会群体关注大学生创业的机会,来宣传自己、宣传企业,达到扩大产品知名度的宣传效果。像王飞这个产品,可以在包装上标志大学生创业,由于人们对于大学生的信任和支持,就会吸引部分顾客留意,进而达到促进销售的目的。如果再进一步,还可取名"××大学生"品牌。

窦惠忠表示,小企业不要刻意追求品牌,要多跑市场,扩大销售点,慢慢地量上来了,再根据情况树立品牌形象。另外还要扩大自己的利润空间,适当扩大利润,并且让利给零售商,让零售商愿意卖你的产品,"要学会在夹缝中生存,而不是好高骛远打品牌。"

"对于王飞,我的建议是一定要挺过去,可以利用资金合作或者管道合作的方式把厂子的销售撑起来,或者寻找专业的销售团队帮忙打开市场。只要没有放弃,创业就仍然走在通往成功的征途上!"雷太需给王飞和与他有同样经历的大学生创业者这样的建议。

(三)历练

雷太需也是一位大学生创业者,在郑州市政通路附近开办了一家咖啡屋,从大二开始创业当老板,他从一无所有发展成百万富翁,其中的经历同样坎坷。"不同的是,我现在坚持过来了。"雷太需说。

1999年,刚上大一的雷太需去北京游玩的时候发现了一种面向学生和低消费群体的"小咖啡吧",回到郑州后,他利用课余时间进行摸底,对潜在的消费者创业作了细致的问卷调查。

2000年,家人支持了5万元,加上辅导员、同学、好朋友零零星星的资助,雷太需凑够了开店所需的10万元,成了老板。在第一个店装修期间,为了省下资金,大冬天采购装修原材料他舍不得坐公交车,不管去建材批发市场还是进货,他都是骑着自行车来回奔波。2003年毕业前,他还清了所有借款,并掘得了人生的第一桶金。

第二次投资却让他"血本无归"。2003年,雷太需发现工人路与汝河路交叉口附近,一处六层民房的位置很好,就将赚得的10多万元悉数投到了第二家店,但想不到的事情发生了,开业不到两个月,一个大大的"拆"字无情地写在了咖啡吧的外墙上,10多万元打了水漂。

"我算是有经验的人了,对于王飞和徐志军的情况,我特别能理解他们的心态,大学生创业最大的优势是激情,最大的劣势是缺乏社会经验。"经历了挫折,再次白手起家重新创业的雷太需,对于创业失败自有自己的一番理解。"如今就业形势越来越紧张,大学生创业是社会主流趋势,在选择项目时,一定要明白自己喜欢干什么,同时不要轻言放弃。"雷太需说。

现在,王飞的厂院里还停着的一辆崭新的面包车,这让我想起自己在驾校学车时的一件事:有位学员抱怨教练车破,教练响应说,现在给你辆奔驰,你敢开么?学员无语。教练解释说,现在拿破车练,没啥顾忌的,创业磕磕碰碰的也不心疼,这样才能放心大胆地练好车,将来才能驾驭更好的车型。

鉴于此,我们觉得对于首次创业的大学生来说,一步到位,并不见得就是一件好事,它意味着是大量资金的投入,意味着更高的风险。大学生创业更应从小投入、小规模做起,这样"学费"交得才会少些,学起来才更轻松些。此外,大学生要有市场残酷历练的心理准备,创业前要慎重,创业时要稳重。

对于涉世未深的大学生来说,理论方面的专业知识是过关的,但是,组织能力、管理能力、市场开拓能力则是普遍欠缺的,而这又是自主创业者所必需的。经过市场残酷的历练,只有少数人才能取得自主创业的成功。

王飞和徐志军目前的状况正是他们步入社会以来遇到的最大坎坷。创业还没坚持下去,就提前画上了失败的句号。不论作何选择,这次创业都将成为他们人生一笔珍贵的财富,对他们今后的人生都将产生深远的影响,这就是收获。

(四)经验

通过以上创业失败的案例,我们下面总结出一些避免创业失败经验。

1.创业要有足够的资源。很多人在初次创业的时候,都是资源十分欠缺的。资源不足,使企业创业成功的概率降低,但要有完全充分的资源也是不可能的。一般来说,在资源方面至少要具备两个条件:一是要有进入一个行业的起码的资源,一个是要具备差异性资源。如果任何条件均不具备,创业成功的可能性很小。

创业资源条件主要包括几个方面:

(1)业务资源:赚钱的模式是什么。

(2)客户资源:谁来购买。

(3)技术资源:凭什么赢取客户的信赖?

(4)经营管理资源:经营能力如何。

(5)财务资源:是否有足够的启动资金。

(6)行业经验资源:对该行业资讯与常识的积累。

(7)行业准入条件:某些行业受到一些政策保护与限制,需要进入资格条件。

(8)人力资源条件:是否有合适的专业人才。

当然,对于以上资源条件,创业者也不需要100%的具备,但至少应具备其中一些重要条件,其他条件可以通过市场化方式来获取。创业者如有足够的财务资源,其他资源欠缺也可以弥补；如果有足够的客户资源，其他资源的欠缺也容易改变。

创业必备的条件是：足够的资本、行业经验、客户资源、技术创新、商业运作能力以及与即将面对的竞争对手相比是否有明显的优势。

2.创业前要慎思。创业前要认真思考、反复评估、考虑成熟再行动。除了要足够的资源准备外，心理准备最重要。以下几个问题值得好好思考。

第一，我为什么要创业？是否有足够的决心，愿意承担风险吗？过去的利益是否舍得放弃？

第二，我是否具备创业者应有的能力与素质，是否能承受挫折，是否具有综合全面的素质，还是有专项技术特长？

第三，我创业成功的核心资源优势是什么？我具备的条件是：足够的资本？行业经验？客户资源？技术创新？商业运作能力？与即将面对的竞争对手相比是否有明显的优势？

第四，是否有足够的耐心与耐力度过创业期的消耗，估计通过多长时间走过创业瓶颈阶段，自己有多长时间的准备。

第五，创业最大的风险是什么，最坏的结果是什么，我是否能承受？不要只想到乐观的一方面，对风险一定要有充分的心理准备，否则，一碰到现实状况与想象不一样，就会很容易造成信心动摇。

回答清楚以上问题之后，再决定是否创业不迟。很多创业者的失败都是：创业前心理准备不够，匆匆忙忙进行创业，最后失败得一塌糊涂。假如准备不足，条件不具备，晚一点创业也不迟。

3.先有业务，再创业。很多人创业是迫于生存的压力，希望赚多点钱，过上较好的生活。因此，在创业之初，是无所谓事业的，创业选择极具盲目性，为创业而创业。对进入什么行业，以什么为盈利模式，都是一片茫然。

有鉴于此，创业者在创业之前一定要有明确的创业方向，再决定创业。假如选择了某个行业，创业前一定要积累一些该行业的经验，收集相关的资讯。如果有可能，可以先考虑进入该行业为别人打工，通过打工的经历来积累经验与资源。那么"学费"自然由别的老板给你付了，也就用不着自己创业时再交学费。行业知识、客户资源、渠道、赢利模式都有了再创业，成功就指日可待了。

4.经营能力最重要。很多年轻人在创业时，过多强调资金因素影响力，其实不然，创业条件中资金虽然很重要，但最最重要的是创业者个人的经营能力，特别是业务能力。如果资金是根本因素，那好，给你投资1000万，你经营什么，你有什么可以确保赚钱吗？很多人恐怕都无法保证，也不知道投资干什么，所以资金因素不是唯一的，经营能力才是最重要的。只要有非常出色的经营能力，自然会找到投资者，很多投资家天天都在找好项目投资。

5.内部创业更容易。在创业者中,有几种成功的类型,自己从零开始独立创业成功者,有技术与他人合作成功者,在企业内部创业成功者。一般来讲,第三种创业方式最容易成功。一个创业者比较好的选择就是有计划与策略地进入一家成功公司,先取得老板的信任,再找准机会,建议老板从公司发展角度投资新项目,这样创业的机会就有了,作为项目的提出者,自然会被老板赋予重任。

第八章 当代大学生创业指导与管理

第一节 当代大学生自主创新、自主创业现状

一、大学生创业现状

(一)创业比例低

从我国大学毕业生自主创业的情况来看,目前仍然处于较低水平。教育部统计数字显示,2011年自主创业的高校本科毕业生只占毕业生总数的1.6%,2012年这一数字为2%,2013年,这一数字提高至2.3%。显然,我国目前大学毕业生自主创业比例与美国20%-30%的比例相距甚远。没有大学生的创业,全社会的创业无从谈起,创新型国家也无从谈起。

(二)创新成果少

学术论文、专利是反映学生创新能力的重要方面一我国大学生在公开出版物上发表过学术论文和有论文在学术会议上交流的寥寥无几。专利申请也是我国大学生的"软肋",我国75%的高校专利申请数几乎为零。在"挑战杯"大赛中的获奖作品,由于大学生缺乏对实际商业运作的切身感受,与市场接触很少,计划书大多处于抄书的模拟阶段。由于技术水平不高、市场前景不明、产品定位模糊、计划书远离实际,获奖项目真正转化为现实生产力的案例极少。

(三)国家重视程度加强

大学生自主创业是顺应时代发展的产物,十六大报告明确指出"引导全社会转变就业观念,推行灵活多样的就业形式,鼓励自谋职业和自主创业";十七大报告明确提出"要实施扩大就业的发展战略,促进以创业带动就业,把鼓励创业、支持创业摆到就业工作更加突出的位置";十八大报告则提出"引导劳动者转变就业观念,鼓励多渠道多形式就业,促进创业带动就业"。由此可见,党和国家一直把鼓励、支持创业放在突出位置。

二、大学生创业的不足

(一)创业实践层次较低

某些学校已经进行了创业教育的尝试,在校内开办了大学生创业街,由学生自主开办若干家店来进行创业经营实践,经营范围主要是满足校内师生需求,应该说这是一种简单创业、草根创业方式。这种方式的好处是:对培养在校学生的创业意识、创业精神起到了较好的推动作用,而且这种方式相对来说资源配套投入较少,比较容易在各高职院校较快加以推广。不足之处是:由于创业街的店面资源有限,能够参与创业实践的学生人数受到限制。另外,因为学生开店主要提供的是简单的商品买卖服务,对学生创业能力和素质的提高不明显,这是创业教育实践层面上较低的一个层次,这种创业实践还没有与他们掌握的专业技能、专业知识、较好的学习能力、创新能力相结合。尽管层次较低,但这种尝试也是非常有益、非常必需的,这可为不断丰富创业教育实践内容提供借鉴。

(二)创业教育实施部门局限于学生就业部门,导致学生创业知识不足

目前大多数高校将创业教育仅作为学生就业部门就业指导工作的一部分,所以只是将创业教育工作作为就业工作的一个附加部分,其重要程度还没有得到大多数高校高层领导的充分重视。创业教育工作仅仅表现为在学生中开展创业计划书的设计写作比赛,没有进行系统的创业理论知识传授,也没有合格的创业教育师资力量。

(三)创业教育没有形成体系,没有深入到每个专业、每个学生

尽管个别高校在创业教育上先行一步,为学生开设了相关的创业理论课程,但这些课程只是零碎的枝枝叶叶,没有形成系统的创业教育体系,没有创业人才培养的顶层方案设计。另外,已经开展的创业教育也只是与一些商科专业相结合、相渗透,并没有与工科专业、实用技术应用专业相结合,所以,现在的创业教育推广面较为狭窄,还需要不断拓宽。在当前形势下,每位毕业生都应该具有一定的创业意识、创业精神、创业能力、创业素质,这对他们今后的人生是有益无害的。

(四)指导创业实践的师资力量不足

当前,大多数高校,特别是高职院校具有双师素质的教师不足。虽然调研显示我国高职院校双师素质教师已占较高比例,但其中一些只是参加一次职业资格培训,考取一张职业资格证书后成为的"双师"。这样的"双师"是无法指导好学生的创业实践的,真正具备较高理论知识,又有丰富实践经验,能指导学生开展创业实践的"双师"素质教师还是严重短缺。

三、大学生创业的趋势分析

(一)大学生自主创业比例呈上升趋势

据悉,2018年宏观就业形势面临多重压力,高校毕业生规模进一步加大,就业创业工作任务十分艰巨。教育部要求强化就业创业服务体系建设,提升大学生就业创业比例。

创业可以增加就业机会,是落实建设新型国家战略的需要。大学生创业既是我们教育体制改革和高新技术产业跨越式发展的动力源,也是繁荣社会主义市场经济,加速我国经济发展的动力源。大学生创业不仅可以解决自身的就业问题,而且能提供更多的就业机会,对我国经济的发展起着至关重要的作用。在全社会的共同努力下,我国大学生创业服务体系日益健全,相关保障措施日趋完善,高校也纷纷将创业教育纳入教学大纲,部分高校还设立了自己的创新创业园等,由专门的教师指导并扶持大学生开展自主创业。加之各省市地区政府部门积极出台一系列扶持政策,从资金、场地、行政管理、税收等各方面为创业大学生解决种种后顾之忧,营造了良好的创业氛围,也促使大学生自主创业比例逐年提升。

(二)大学生创业享税收减免优惠

高校要建立弹性学制,允许在校学生休学创业,并聘请创业成功者、企业家、投资人、专家学者等,担任兼职导师,对创新创业学生进行一对一指导。

高校要开发开设创新创业教育专门课程,纳入学分管理;组织学生参加各类创新创业竞赛、创业模拟等实践活动。根据当年公布的落实好创业培训、工商登记、税收减免等各项优惠政策,鼓励扶持开设网店等多种创业形态。

(三)鼓励毕业生到二、三线城市就业

2018年,毕业生就业需求在结构性方面有所变化。其中,民营中小企业,二、三线城市需求明显上升。要推进高校与二、三线城市的战略性合作,持续开展二、三线城市面向毕业生的专场招聘活动。各地也要会同有关部门加大政府购买力度,开发更多基层公共管理和社会服务岗位,吸纳毕业生就业。

第二节 创业的心理、能力与知识储备及综合素质分析

一、创业的心理

(一)诚信——创业立足之本

市场经济已进入诚信时代,作为一种特殊的资本形态,诚信日益成为企业的立足之本与发展源泉。

风险投资界有句名言:"风险投资成功的第一要素是人,第二要素是人,第三要素还是人。"此话足以证明风险投资家对创业者个人素质的关注程度。在他们看来,创业项目、商业计划、企业模式等都可适时而变,唯有创业者品质难以在短时间内改变。

创业者品质决定着企业的市场声誉和发展空间。不守诚信,或可赢一时之利,但必然失长久之利。反之,则能以良好的口碑带来滚滚财源,使创业渐入佳境。

(二)自信——创业的动力

日本八佰伴集团创始人和田一夫一开始仅经营一家小水果铺,还被一场大火烧得赤手空拳。但是,在"不摧毁旧的,就不能建设新的"信念支持下,他最终东山再起,成为名噪一时的创业家。

人的意志可以发挥无限力量,可以把梦想变为现实。对创业者来说,信心是创业的动力。要对自己有信心,对未来有信心,要坚信成败并非命中注定而是全靠自己努力,更要坚信自己能战胜一切困难。

(三)勇气——视挫败为成功之基石

硅谷有着"创业大本营"的美誉,在这儿,每年都有数以万计的企业倒下,同时也有成千上万的创业者一夜暴富。美国知名创业教练约翰·奈斯汉说:"造就硅谷成功神话的秘密,就是失败。失败的结果或许令人难堪,但却是取之不尽的活教材,在失败过程中累积的教训与经验,都是缔造下一次成功的宝贵基础。"

成功需要经验积累,创业的过程就是在不断的失败中跌打爬滚。只有在失败中不断积累经验财富,不断前行,才有可能到达成功彼岸。美国3M公司有一句关于创业的"至理名言":为了发现王子,你必须与无数只青蛙接吻。对于创业家来说,必须有勇气直面困境,敢于与困难"接吻"。

(四)领袖精神——创业的无形资本[①]

一只狮子领着一群羊,胜过一只羊领着一群狮子。这一古老的西方谚语说明了创业者领袖精神的重要性。企业成功离不开团队力量,但更多层面上则取决于领导者本人。创业者是企业的一面精神旗帜,其一言一行都将影响企业的荣辱兴衰。

企业文化被称作企业灵魂和精神支柱。而企业文化的精髓就是创业者的领袖精神,这是凝聚员工的一笔"不可复制"的财富,更是初创企业生存和发展的关键。

许多优秀的跨国企业中,这种领袖精神随处可见。摩托罗拉公司对高尔文"摩托罗拉大家庭"理念的继承,戴尔公司对戴尔"效率至上"原则的推崇,都证明了企业领袖精神的重要性。对创业者来说,注重塑造领袖精神,远比积累财富更重要,因为财富可在瞬间赢得或失去,但领袖精神永远是赢得未来的无形资本。

---

① 廖俊霞. 创业企业中的领袖精神[J]. 科技创业,2003,8:71.

(五)爱心——创业成功的催化剂

在竞争日趋激烈的今天,产品和企业的公众形象定位,对创业成功与否起着关键作用。富有爱心,则是构成诚实、良好商业氛围的重要因素。从某种角度看,爱心是创业成功的"催化剂"。

惠普创始人戴维·帕卡德提出:"一个企业对社会的责任远远重要于对股东的责任。"这位亿万富翁住在一栋简朴的房子里,却为许多大学和公益基金会捐赠了无数款项。

企业通过积极承担社会责任,热情支持公益事业,形成良好的社会口碑,反过来对企业的发展将产生强劲的支持作用。一位成功人士就曾感叹说,有时候花再多的钱做广告,不如多做一些对社会有益的事情,更能起到事半功倍的效果。

(六)魄力——该出手时就出手

商海女杰菲奥里纳在面对戴尔、IBM等领先者时对惠普员工说:以前我们要做到95分才推出,现在我要求80分时就推出,然后慢慢改进;以前是瞄准、准备、开火,在网络时代里,瞄准了就要开火,没有时间准备。

在创业界,往往是风险与机会并存。创业者必须善于发现新生事物,并对新生事物有强烈的探求欲;必须敢于冒险,即使没有十足把握,也应果断尝试。

二、创业者应具备的综合能力

对创业者来说,具备各种能力是创业成功的前提条件。因此,大学生在开始创业前或在创业过程中必须不断培养和提高自我综合能力。

(一)学习能力

学习能力即获取知识的能力,包括对知识的接受、转化与应用。创业者要能够把在创业过程遇到的实际问题转化成为自身的工作经验。

(二)实践能力、科研动手能力和开拓创新能力

创业者要能够将自己头脑中的思想、创意和灵感转化为现实的科技发明成果和现实产品。

(三)组织领导能力

创业者要有出色的领导水平,具备统帅和用人能力。创业者要有对自己员工的指挥、调动、协调以及对非人力资源的集中分配、调度、使用能力,还要有对公司组织机构的设计与再设计工作的能力,表现为对组织机构的设计、人员的配置,可进一步细化为对组织成员职位的任命安排、明确其职责范围等。

(四)管理能力

创业者要有经营决策能力、分析判断能力、指挥协调能力、抵御和化解风险的能力和信息处理能力;能够对创业项目进行计划、组织、领导、控制。

(五)协作能力

协作是创业者事业成功的重要支持力量。协作性是一种能设身处地为他人着想,善于理解对方、体谅对方,善于合作共事的心理品质,它与创业者独立思考、自主行动并不矛盾。培养协作能力是创业者获得他人支持的重要前提条件。

(六)沟通能力

无论对团队核心人员还是对公司员工、合作伙伴、投资方等来说,沟通都是最关键的。创业者要能够随机应变和左右逢源,在人际交往中能做到热情、真诚,能研究和理解对方的心理,促使相互间心灵沟通、情感融通,获得理想的人际关系。

三、创业前的知识储备

大学生创业面对茫茫商海,仅具备基本的素质还远远不够,还要做好许多知识和能力的储备。

首先,要具有扎实深厚的专业知识和广博的非专业知识。只有将深厚的专业知识和宽广的非专业知识相结合,才能从战略的高度正确分析形势和事物的发展趋势,用远大的目光和敏锐的洞察力,把握事态的发展,产生精辟独到的见解和谋略,才能认清事物本质,把握其规律,树立并实现自己的创业目标。

其次,要有商业经济学领域知识的储备,如商品交换、商品需求、商品流通、商品价值规律等知识。通过学习这些商业知识,创业者在经济活动过程中才能实现价值的增值,创造财富。

再次,应具备一定的管理知识,如人事管理、资金财务管理、物资管理、生产管理和市场营销管理等知识。通过学习管理知识,改进管理方法,丰富管理经验,不断发掘新的管理资源,努力提高管理水平。

最后,应具备相关的政策知识,如工商注册登记知识、经济合同知识、税务知识、知识产权保护等法律知识对大学生创业必不可少,它可以帮助大学生创业者顺利走好创业之路。

四、创业的综合素质

(一)强烈的欲望是创业者必备的第一种素质

欲望是一个人行动的内驱力或原动力。创业者的欲望与普通人的欲望的不同之处在于,他们的欲望往往超出他们的现实,往往需要打破他们现在的立足点,冲破眼前的樊篱才能够实现。所以,创业者的欲望往往需要牺牲精神,需要坚强的意志,不达目的决不罢休。学者们研究发现,成功创业者的欲望,往往来自现实生活的刺激,是在外力的作用下产生的,而且往往不是来自正面的鼓励,而是来自艰难环境的反面刺激。

(二)超出常人的忍耐力是创业者必备的第二种素质

所谓"艰难困苦,玉汝于成",创业不容易。对一般人来说,忍耐是一种美德,对创业者来说,忍耐却是必备的品格。对创业来说,肉体上的折磨往往算不得什么,精神上的折磨才是致命的。如果有心自己创业,一定要先在心里问一问自己,面对从肉体到精神上的全面折磨,你有没有一种宠辱不惊的"定力"。如果没有,那么你最好别去创业,对有些人来说,一辈子给别人打工,也许是更合适的选择。

(三)开阔的眼界是创业者必备的第三种素质

对于创业者来说,见多识广不是夸耀的资本,而是必备的素质。广博的见识,开阔的眼界,可以有效地拉近自己与成功的距离,使创业少走弯路。眼界是说看问题要有一定的广度和高度。开阔的眼界意味着创业者不但在创业伊始可以有一个比别人更高的起步,而且在关键时刻它可以挽救创业者及所创事业的命运。眼界的作用,不仅表现在创业者的创业之初,而且一直贯穿于创业者的整个创业历程。一个人的眼界有多广,他的胸怀就有多宽阔,他的事业也才会有多壮阔。

(四)明察时势是创业者必备的第四种素质

明察时势的意思分两层,明势和明事。势,就是趋向。势分大势、中势、小势。跟对形势,顺应政策,是大势。很多创业者不太注意这方面的工作,认为国家政策研究是"假、大、虚、空",没有意义。实则不然!国家鼓励发展什么,限制发展什么,与创业之成败有莫大关系。中势指的是市场机会。市场上现在时兴什么,流行什么,人们现在喜欢什么,不喜欢什么,就标明了你创业的方向。小势就是个人的能力、性格、特长。创业者在选择创业项目时,一定要找那些适合自己能力,契合自己兴趣,可以发挥自己特长的项目,这样才有利于你付出持久的努力和全身心的投入。所谓明事,就是说创业者要懂得人情事理。老话说:"世事洞明皆学问,人情练达即文章。"创业是为了合理合法地赚钱,也是为了改造社会。创业不是为了要跟谁赌气,非要让别人觉得你这个人如何如何,你才觉得心里舒服,那是自己给自己找麻烦。

(五)敏锐的商业感触力是创业者必备的第五种素质

创业者的迅捷感受,是对外界市场变化的迅捷感受,尤其是对商业机会的快速反应。商机是非常短暂的,有时就在一瞬间,反应迟钝的人是不适合创业的。有些人的商业感觉是天生的,如清末红顶商人胡雪岩,大多数人的商业感觉则依靠后天培养。如果你有心做一个商人,做一个创业者,你就应该像训练猎犬一样训练自己的商业感觉。良好的商业感觉是创业者成功的基本保证。

(六)人脉或构建人际网络的能力是创业者必备的第六种素质

创业不是引"无源之水",栽"无本之木"。每一个人创业,都必然有其凭依的条件,也就是其拥有的资源。一个创业者的素质如何,看一看他建立和拓展资源的能力就可以知道。一个创业者如果不能在最短时间之内建立自己最广泛的人际网络,那他的创业一定会非常艰难。创业者的人际资源,包括同学、战友、同乡、同行和朋友,也可以统称为朋友。朋友犹如资本,对创业者来说是多多益善。"在家靠父母,出门靠朋友""多一个朋友多一条路"是真理。一个创业者如果不能交朋友,没有几个朋友,那么他在创业过程中肯定是死路一条。

(七)高深的谋略是创业者必备的第七种素质

创业是一个斗体力的活动,更是一个斗心力的活动。创业者的智谋,将在很大程度上决定其创业成败。尤其是在目前产品日益同质化、市场有限、竞争激烈的情况下,创业者不但要能够守正,更要能力出奇。谋略,说白了就是一种思维的方式,一种处理问题和解决问题的方法。对于创业者来说,智慧是不分等级的,它没有好坏、高明不高明的区别,只有好用不好用、适用不适用的差异。创业者的智慧就是:不拘一格,出奇制胜。

(八)过人的胆量是创业者必备的第八种素质

创业本身就是一项冒险活动。最有胆量,敢下赌注,想赢也敢输的人最适合创业。创业家的冒险,不同于冒进。有这样一个故事:一个人问一个哲学家,什么叫冒险,什么叫冒进。哲学家说,比如有一个山洞,山洞里有一桶金子,你进去把金子拿了出来。假如那山洞是一个狼洞,你这就是冒险;假如那山洞是一个老虎洞,你这就是冒进。这个人表示懂了。哲学家又说,假如那山洞里只是一捆劈柴,那么,即使那是一个狗洞,你也是冒进。这个故事的意思是说,冒险是这样一种活动:有个东西你想得到,经过努力,有可能得到,而且那东西值得你得到。

(九)懂得与他人分享是创业者必备的第九种素质

作为创业者,一定要懂得与他人分享的道理。一个不懂得与他人分享的创业者,不可能将事业做大。对创业者来说,分享不是慷慨,而是明智。

(十)自我反省的能力是创业者必备的第十种素质

反省,是改正错误,也是不断学习。创业既然是一个不断探索的过程,创业者也就难免在此过程中犯这样那样的错误。反省,是认识错误、改正错误的前提。对创业者来说,反省的过程就是学习的过程。是否具有自我反省的能力,是否具备自我反省的精神,决定了创业者能否及时认识错误,能否及时改正错误,能否及时学到新东西。创业时遭遇挫折在所难免,反省能力和自我反省精神能够帮助创业者渡过难关。

创业需要的素质是综合的,每一项都很重要,不可偏废,缺少一项,都会影响事业的发展。

第三节 创业团队、项目及材料概述

一、创业团队的组建

(一)正确选择创业伙伴

人的因素是决定性的因素。创业赚钱中,找到好的合作人至关重要。比尔·盖茨用"因为又有更多的成功人士在为我工作"一句话总结他的成功经验。陈安之的超级成功学也有提到,先为成功的人工作,再与成功的人合作,最后是让成功的人为你工作。到底创业应该找什么样的人合作?专家总结出以下几条标准。

1.志向远大。21世纪,最大的危机是没有危机感,最大的陷阱是满足。人要学会用望远镜看世界,而不是用近视眼看世界。顺境时要想着为自己找退路,逆境时要懂得为自己找出路。

2.学习力强。学历代表过去,学习力掌握将来。学习力强的人,懂得从任何的细节、所有的人身上学习和感悟,并且要懂得举一反三。学与习是两个字。学一次,做一百次,才能真正掌握。学、做、教是一个完整的过程,只有达到教的程度,才算真正吃透。而且在更多时候,学习是一种态度。只有谦卑的人,才真正学到东西。大海之所以成为大海,是因为它比所有的河流都低。

3.勇于实践。只有行动才会有结果。行动不一样,结果才不一样。知道不去做,等于不知道;做了没有结果,等于没有做。不犯错误,一定会错,因为不犯错误的人一定没有尝试。错了不要紧,一定要善于总结,然后再做,一直到正确的结果出来为止。

4.舍得付出。要想获得一定要先付出。斤斤计较的人,肯定不会有大的成就。没有点奉献精神,是不可能创业的。要先用行动让别人知道,你有超过所得的价值,别人才会开出更高的价码。

5.善于沟通。沟通无极限,这更是一种态度,而非一种技巧。一个好的团队当然要有共同的愿景,但非一日可以得来,需要无时不在的沟通,从目标到细节,甚至家庭等,都在沟通的内容之列。

6.诚恳大方。每人都有不同的立场,不可能要求利益一致。关键是大家都要开诚布公地谈清楚,不要委曲求全。诚信是合作的最好基石。

(二)优秀创业团队的组建

有这样一个统计数据:5年之内,90%的创业企业会倒闭;10年之内,剩下的10%的创业企业中的90%也将会退出市场。也就是说,10年之后,只有不到1%的创业者会幸存下来。创业者能否走得更远,取决于创业者和创业团队的基本素质。企业的成长是人才成长的一个集中体现,企业的成功也是人才的成功。搭建一支优秀的创业团队对任何创业者而言,都是一项至关重要的工作,它决定着创业的成败。优秀团队的标准是高度的责任感、成功的行业经验、合作的心态。那么,怎样才能组建一支优秀的创业团队呢?

1.扬长避短,恰当使用。世上的人虽然各种各样,但是,以创业者用人的眼光去看,大致可分为三类:一是可以信任而不可大用者,这是那些忠厚老实但本事不大的人;二是可用而不可信者,这是那些有些本事但私心过重,为了个人利益而钻营弄巧,甚至不惜出卖良心的人;三是可信而又可用的人。作为创业者,都想找到第三种人。但是这种人不易识别,往往与用人者擦肩而过。为了企业的发展,创业者各种人物都要用。只要在充分识别的基础上恰当使用,扬长避短,合理配置,就能最大限度地发挥他们的作用。

人有所长,必有所短。创业伙伴之间的优势最好呈互补关系。选择的时候要看清其长,以后也要学会包容其短。所谓取长补短,是取别人的长补自己的短,此为团队的真正价值。长城不是一人筑成,想做出点成绩,就得有做事情的开放心态。若你是内向型性格,不善于交际,只适合从事技术工作,那你最好找富有公关能力、会沟通、能处理复杂问题的搭档;若你是急性子,脾气比较暴躁且又自认为很难改正,则最好找慢性子、脾气温和的搭档——因为合作中的摩擦在所难免,一急一缓可以相得益彰。

2.既要讲独立,也要讲合作。创业者在创业过程中,既要讲独立,也要讲合作。适当的合作(包括合资)可以弥补双方的缺陷,使弱小企业在市场中迅速站稳脚跟。春秋时代战国七雄尚讲合纵连横,创业者更需要从创业整体规划出发,明确哪些方面的技能和资源是自己所欠缺的,再以此来寻找具备此类技能和资源的相关合作人,大家的资源和技能可以实现整合,共同发展。携程计算机技术(上海)有限公司总裁季琦告诉青年创业者,携程网的成功,除了抓住当初互联网快速发展的契机之外,有一个良好的创业团队是关键。携程网的团队成员来自美国Oracle公司、德意志银行和上海旅行社等,是技术、管理、金融运作、旅游的完美组合。大家在一起创业,分享各自的知识和经验,同时也避免了很多创业"雷区"。

团队是公司的魂,是公司最终成功的重要保证。一个好的合伙人,可以帮助企业腾飞;同样,一个不合格的合伙人,给企业带来的只能是灾难。对于创业者而言,选择合作伙伴,意味着将企业未来几年的命脉与人共享。那么在共享权力之前,就必须认真地考察合作伙伴。

企业在创业初期可能会面临各种各样的困难,会造成见到光头就以为是和尚、捞到根稻草就以为能救命的情况。这时候就需要鉴别能力,冷静分析可能的合作伙伴,看谁更加有利于企业的发展。

3.志同道合,目标明确。找创业搭档就跟找对象一样重要,对方是你事业上的另一半,在共同的创业过程中是否会与你福难同当、同舟共济是至关重要的。比如"拳头",一个拳头由五个手指组成,如果五个指头紧握打出去,可以打死一个人,但分散开来,用每个手指去戳人,连皮都戳不破。

团队的成员应该是一群认可团队价值观的人。团队的目标应该是每个加入到团队里的成员认可的,否则的话,就没有加入的必要。在明确了一个团队的目标时,作为团队的负责人,应该以这个共同的目标为出发点,来召集团队的成员。团队是不能以人数来衡量的。如果你有一群人,但没有共同的理想和目标,那这就不是一个团队,而是一群乌合之众。

虽然现代企业很看重团队合作,但许多创业者依然还有以个人为主、个人为尊的思想意识:我的生意我的事业我作主,容不得他人染指,要掺进来很多人,这个事业到底是算谁的?这种思想是万万不适合创业的。

4. 知己知彼,百战不殆。绝大多数创业团队的核心成员都很少,一般是三四人,多则也不过十来人。如此少的团队成员从企业管理角度来看,实在是"小儿科",因为人数太少,几乎每个从事管理工作的人都觉得能够轻易驾驭。但实际上,创业团队成员虽少,但都有自己的想法,有自己的观点,更有一股藏于内心的不服管的信念。因此,对创业团队中的每个成员都不能抱以轻视的态度。

优秀创业团队的所有成员都应该相互非常熟悉,知根知底。"知己知彼,百战不殆",在创业团队中,团队成员都要非常清醒地认识到自身的优劣势,同时对其他成员的长处和短处也一清二楚,这样可以很好地避免团队成员之间因为相互不熟悉而造成各种矛盾、纠纷,迅速提高团队的向心力和凝聚力。

现在,国内许多大学生选择的合作伙伴也多是同学、朋友、校友,但还是很快就散伙了。为什么呢?因为他们选择的合作伙伴虽然都是他的"熟人",但他的那些"熟人"之间是缺乏交流和沟通的,说到底,团队成员之间还是陌生的。例如,在许多校园BBS上,某个同学有一项新发明或者是好创意后,立即广发"英雄帖",虽然都是同龄人,但是毕竟没有共同经历过"血与火"的考验,这样的团队成员之间是缺乏凝聚力的。

所以,优秀的创业团队首先要确保自己的团队内所有核心成员都是非常熟悉的人。记住:创业团队不需要陌生人!

5. 完善股权,利益共享。在个人创业的初始阶段,一定要具有群做群分的意识。这里所指的群做群分,就是指由创业主导者来寻找一些志同道合的合作人起步发展,并且,还要做到清晰且无争议的利益分配。

创业团队中无论有几个合作者,所持股份可以做到大家平均,但在统一规划方面必须得确立一个主导者,不然就很容易出乱子。各人的资源不通过一个整体的框架进行调配整合,就是浪费,每个人的执行力若是没有集中在一个方向上,也是浪费。尤其是大家形成决议后,就必须确保集中所有的资源和力量,向一个确定的方向前进。若是在形成决议后,每人的思想和行动方向没有一个主导者进行统一规划约束,那么大家的新思想就会不断地否定原来的老思想,新的行动方向又会不断地取代原先设定的方向,很快就会导致巨大的内耗和矛盾。

任何事情都不可能在最初计划周全,事情随时都有可能变化。合作运营过程中,遇到新问题新矛盾一定先说清楚并要立下字据再行动,千万不要先干再说,因为事情发生后一般都是朝着自己有利的一方考虑。先干再说,看似快了,其实埋下了祸患的种子,将来就不是速度快慢的问题,而是企业组织颠覆性运动的根源。

6. 相互补充,相得益彰。创业团队虽小,但是"五脏俱全"。创业团队成员不能是清一色的技术类成员,也不能全部是搞终端销售的,优秀的创业团队成员各有各的长处,大家结合在一起,正好是相互补充,相得益彰。

相对来说,一个优秀的创业团队必须包括以下几种人:一个创新意识非常强的人,可以决定公司未来的发展方向,相当于公司的战略决策者;一个策划能力极其强的人,能够全面周到地分析整个公司面临的机遇与风险,考虑成本、投资、收益的来源及预期收益,甚至还包括公司管理规范章程、长远规划设计等工作;一个执行能力较强的成员,具体负责下面的执行过程,包括联系客户、接触终端消费者、拓展市场等。此外,如果是一个技术类创业公司,那么还应该有一个研究高手(甚至是研究领导者型人物),当然,这个创业团队还需要有人掌握必要的财务、法律、审计等方面的专业知识,唯有这样,团队成员才能算是合格的。

7. 心胸博大,宽厚待人,善于合作。选择好合伙人以后,就需要与合作者或合伙人很好地相处,这样才能够合作长久。俗语"和气生财"是放之四海而皆准的一句话,否则创业是创不成的,老板也是做不成的:创业者应该有博大的心胸,能宽厚待人,懂得如何"合作",懂得什么是"合作"分寸的度,这样才能收获"合作"带给大家的快乐、喜悦和丰收。

一个人的心胸决定了他所能达到的事业高度。宽容是合作者必备的道德品质。宽容还是合作的黏合剂。唯有和谐,合作才能愉快,才能激发合作者最大的工作热情和才智,打造一个有竞争力的团体。

在合作过程中,不要计较小事。"大海航行靠舵手",组建创业团队最关键的人自然是企业的领军人物。企业对人的管理也要审时度势,宽严有度。该管的要管,不该管的事就不要管,要"一半清醒一半醉"。要知道,"水至清则无鱼,人至察则无徒"。"难得糊涂"对创业合作的各方都是保养自己心灵的鸡汤和企业组织运转的润滑剂,这与前面讲的丑话说在前和及时立据看似矛盾,其实不矛盾。前者讲的是在没有形成事实的情况下的做法,后者是说事实已经形成就不要太计较了,计较了也于事无补,或者经常会发现双方的计较毫无实际意义。

8. 摆正位置坦诚相待,互相尊重对方。作为合伙人,在平时的交往与合作中要坦诚,互相尊重对方,摆正自己的位置。既然是合伙人,也就是出资人,请在心中时时提醒自己,双方都是为了共同的利益才在一起共事的,无论出资多少,都不会拿着自己的钱出来玩。遇到问题和矛盾时应该向前看,向前看利益是一致的,因为成功会给大家带来更丰厚的收获。盯住眼前的事情不放,只能是越盯矛盾越多,越盯矛盾越复杂,最后裹足不前;只有向前看,成功的希望激励着合作的各方摒弃前嫌,勇往直前,才能抵达成功的彼岸。

世界上没有完美的个人,只有完美的团队。作为一个企业的老板,与其跟马赛跑,不如找一匹马骑在马上。团队成员就是所谓的"人才马"。老板只有组建最合适的创业团队,才能"马上成功"。

二、创业项目

(一)适合大学生创业的领域

1. 高科技领域。身处高新科技前沿阵地的大学生,在这一领域创业有着近水楼台先得月的优势,但并非所有的大学生都适合在高科技领域创业。一般来说,技术功底深厚、学科成绩优秀的大学生才有成功的把握。

推荐商机:软件开发、网页制作、网络服务、手机游戏开发等。

2. 智力服务领域。智力是大学生创业的资本。在智力服务领域创业,大学生游刃有余。例如,家教领域就非常适合大学生创业。一方面,这是大学生勤工俭学的传统渠道,积累了丰富的经验;另一方面,大学生能够充分利用高校教育资源,更容易赚到第一桶金。

推荐商机:家教、家教中介、设计工作室、翻译事务所等。

3. 开店。大学生开店,一方面,可充分利用高校的学生顾客资源;另一方面,由于熟悉同龄人的消费习惯,因此入门较为容易。正由于走学生路线,因此要靠价廉物美来吸引顾客。此外,由于大学生资金有限,不可能选择热闹地段的店面,因此推广工作尤为重要,需要经常在校园里张贴广告或和社团联办活动,才能广为人知。

4. 连锁加盟领域。统计数据显示,在相同的经营领域,个人创业的成功率低于20%,而加盟创业的则高达80%。对创业资源十分有限的大学生来说,最好选择运营时间在5年以上、拥有10家以上加盟店的成熟品牌。

(二)适合大学生创业的项目

借助学校品牌的项目:①各类教育与培训;②成熟的技术转让;③各种专业的咨询。

利用优势的服务项目:①家教服务中心;②成人考试补习;③会议礼仪服务;④收出版社退书;⑤发明家俱乐部;⑥速记训练经营;⑦出租旅游用品。

可以独立运作的专业项目:①可以拆分开的业务;②图书制作前期工作;③各类平面设计工作;④各种专项代理业务。

利于对外合作的项目:①婚礼化妆司仪;②服装鞋帽设计;③各类信息服务;④主题假日学校。

小型多样的经营项目:①手工制造;②特色专柜;③网络维护;④体育用品。

此外,天津市创业培训专家还介绍了目前市场上一些"小本经营"的项目,可帮大学生们开阔思路。

餐饮食品:投资2万元可做奶茶店老板;2万元开家社区小厨房。

咨询服务:3000元办水电维修中心。

服装时尚:1000元开办擦地拖鞋服务;1万元开外贸服饰折扣店。

美容护养:千元开办花卉护理中心;3万元开家美甲店。

玩具投资:5万元开拼图小店或"玩具租赁业"。

宠物经济:万元网上宠物店;3万元起做宠物生意。

数码科技:2万元开一家自拍照相吧;万元开家老照片数码设计店。

日化家居:8万元开家眼镜店。

所有这些项目,都应该有一个策划案——要详尽、有创意、可操作。其中有的已经有过实践演练,就更具有借鉴价值。

三、创业材料——商业策划书

(一)怎样写好商业策划书

写商业策划书时,可依照以下要求:

1. 关注产品。

2. 敢于竞争。

3. 了解市场。

4. 表明行动的方针。

5. 展示你的管理队伍。

6. 有出色的计划摘要。

(二)商业策划书的内容

1. 计划摘要。计划摘要一般包括以下内容:企业介绍、主要产品和业务范围、市场概貌、营销策略、销售计划、生产管理计划、管理者及其组织、财务计划、资金需求状况等。

在介绍企业时,首先要说明创办新企业的思路及其形成过程以及企业的目标和发展战略。其次,要交代企业现状、过去的背景和企业的经营范围。

企业家的素质对企业的成绩往往起关键性作用。在这里,企业家应尽量突出自己的优点并表示自己强烈的进取精神,以给投资者留下一个好印象。

在计划摘要中,企业还必须回答下列问题:

(1)企业所处的行业,企业经营的性质和范围。

(2)企业主要产品的内容。

(3)企业的市场在哪里,谁是企业的顾客,他们有哪些需求。

(4)企业的合伙人、投资人是谁。

(5)企业的竞争对手是谁,竞争对手对企业的发展有何影响。

摘要要尽量简明、生动,特别要详细说明自身企业与其他企业的不同之处以及企业获取成功的市场因素。

2.产品(服务)介绍。在进行投资项目评估时,投资人最关心的问题之一就是,风险企业的产品、技术或服务能否以及在多大程度上解决现实生活中的问题,或者,风险企业的产品、技术、服务能否帮助顾客节约开支,增加收入。

(1)顾客希望企业的产品能解决什么问题?顾客能从企业的产品中获得什么好处?

(2)企业的产品与竞争对手的产品相比有哪些优缺点?顾客为什么会选择本企业的产品?

(3)企业为自己的产品采取了何种保护措施?企业拥有哪些专利、许可证,或与已申请专利的厂家达成了哪些协议?

(4)为什么企业的产品定价可以使企业产生足够的利润?为什么用户会大批量地购买企业的产品?

(5)企业采用何种方式去改进产品的质量、性能?企业对发展新产品有哪些计划?等等。

3.人员及组织结构。有了产品之后,创业者第二步要做的就是组成一支有战斗力的管理队伍。企业的管理人员应该是互补型的,而且要具有团队精神。

4.市场预测。当企业要开发一种新产品或向新的市场扩展时,首先要进行市场预测。

市场预测首先要对需求进行预测:市场是否存在对这种产品的需求?需求程度是否可以给企业带来所期望的利益?新的市场规模有多大?需求发展的未来趋向及其状态如何?影响需求都有哪些因素?其次,市场预测还包括对市场竞争的情况及企业所面对的竞争格局进行分析:市场中主要的竞争者有哪些?是否存在有利于本企业产品的市场空档?本企业预计的市场占有率是多少?本企业进入市场会引起竞争者怎样的反应?这些反应对企业会有什么影响?等等。

在商业策划书中,市场预测应包括以下内容:市场现状综述;竞争厂商概览;目标顾客和目标市场;本企业产品的市场地位;市场区域和特征等。

5.营销策略。营销是企业经营中最富挑战性的环节,影响营销策略的主要因素有:

(1)消费者的特点。

(2)产品的特性。

(3)企业自身的状况。

(4)市场环境方面的因素。

最终影响营销策略的则是营销成本和营销效益因素。

在商业策划书中,营销策略应包括以下内容:

(1)市场机构和营销渠道的选择。

(2)营销队伍和管理。

(3)促销计划和广告策略。

(4)价格决策。

6.制造计划。商业策划书中的生产制造计划应包括以下内容:产品制造和技术设备现状;新产品投产计划;技术提升和设备更新的要求;质量控制和质量改进计划。

在寻求资金的过程中,为了增大企业在投资前的评估价值,风险企业家应尽量使生产制造计划更加详细、可靠。一般来说,生产制造计划应回答以下问题:企业生产制造所需的厂房、设备情况如何;怎样保证新产品在进入规模生产时的稳定性和可靠性;设备的引进和安装情况,谁是供应商;生产线的设计与产品组装是怎样的;供货者的前置期和资源的需求量;生产周期标准的制定以及生产作业计划的编制;物料需求计划及其保证措施;质量控制的方法是怎样的;相关的其他问题。

7.财务规划。财务规划需要花费较多的精力来做具体分析,其中包括现金流量表、资产负债表以及损益表的制备。流动资金是企业的生命线,因此企业在初创或扩张时,对流动资金需要有预先周详的计划和进行过程中的严格控制:损益表反映的是企业的赢利状况,它是企业在一段时间运作后的经营结果;资产负债表则反映某一时刻的企业状况,投资者可以用资产负债表中的数据得到的比率指标来衡量企业的经营状况以及可能的投资回报率。

财务规划一般要包括以下内容:

(1)商业策划书的条件假设。

(2)预计的资产负债表,预计的损益表,现金收支分析,资金的来源和使用。

企业的财务规划应保证和商业策划书的假设相一致。事实上,财务规划和企业的生产计划、人力资源计划、营销计划等都是密不可分的。要完成财务规划,必须要明确下列问题:

(1)产品在每个时间段的发出量有多大?

(2)什么时候开始产品线扩张?

(3)每件产品的生产费用是多少?

(4)每件产品的定价是多少?

(5)使用什么分销渠道?所预期的成本和利润是多少?

(6)需要雇佣哪几种类型的人?

(7)雇佣何时开始?工资预算是多少?

第四节 当代大学生创业风险管理分析

创业风险投资作为一种"支持创业的投资制度创新",起源于美国,经过半个多世纪的发展,创业风险投资在推动美国中小企业的发展及其技术创新和成果转化方面发挥了巨大的作用。创业风险投资在美国的成功,使得世界各国都在模仿美国的经验发展创投事业,渴望借此带动本国的技术创新,早日跻身创新型国家的行列。近年来,我国也加快了在投资领域的政策制定步伐,但与发达国家相比,许多方面还存在着明显的不足,急需改进。

从现实中看,技术创新需要发展创业风险投资。企业是技术创新的主体,企业进行技术创新主要有两条路径:一条是原有的大型企业通过增加研发投入对传统产业进行强制性的升级;另一条是鼓励创新型中小企业主动承担风险,在创业风险资本的支持下吸纳和发展新技术。然而,大型企业由于在经营、规模、商业方面已经成型,依靠成熟的网络便可以获取高额的利润,自主创新的动力不足;后一条途径即利用创业风险投资资本支持创新型中小企业发展从而促进技术创新的做法已被美国、日本、以色列、英国、韩国等经济体的经验证明。

目前,很多国家都十分重视中小企业的发展,将其视为技术创新的主要载体。在美国,70%以上的专利是由中小企业创造的,中小企业的平均创新能力是大企业的两倍以上。在我国,中小企业提供了全国约66%的发明专利、72%以上的技术创新、82%以上的新产品开发,已经成为技术创新的重要力量。创业风险投资既可以满足中小企业的融资需求,又可以通过一系列的产权设计达到风险共担、收益共享的目标。通过创业风险投资,可以带动整个科技投融资体制改革和科技创新激励机制的形成,加快科技成果转化和产业化生产。因此,发展具有中国特色的创业风险投资,对促进国家自主创新战略的实施将产生重要而深远的影响。

2018年,创业时代网再次推出"中国城市创业竞争力排行榜100强",这是继2016年和2017年后,连续第三年发布该系列榜单。

创业竞争力能够衡量城市的资源优化和整合能力,具有强大创业竞争力的城市往往能创造更大的经济价值。

本次榜单创业时代网延续了以往的排名指标体系和方法,从创业成果、创业活力、创业潜力和市场空间四个维度,立足真实可靠的公开数据,通过量化建模、综合加权评分的方法,对中国城市进行创业竞争力排名。

排行榜表现出以下几大特征。

北上广深杭持续锁定榜单前五,北京一枝独秀。与2017年榜单相比,北京、上海、深圳、广州和杭州五个城市的排名未发生变化,其中,北京以绝对优势连续三年蝉联城市创业排行榜榜首。值得注意的是,北京在创业成果和创业活力方面成绩斐然,仅2017年,北京的创业投资案例就达到973例,投资金额总计3876.83亿元,分别占据榜单100座城市总量的三成半和七成,并且是第二名上海的1.7倍和4.8倍。在创业活力方面,北京牢牢占据优势地位。

众多二线城市崛起,杭州正在逼近广州。榜单前15中,除了北上广深位居前四,其余席位都被二线城市占据,这些二线城市整体在创业竞争力上都取得不错成绩。其中,二线城市排第一的杭州与一线城市排末位的广州仅相差4分左右,具体到各个指标,杭州的总体表现稍显弱势,但在创业投资方面已经赶超广州。随着杭州优势产业电商和互联网行业的崛起,杭州创业竞争力潜力巨大。

东部地区表现抢眼,苏粤鲁三省领跑全国。榜单中,上榜的中国东部地区城市超过了一半,而西部地区只有10座城市上榜,仅相当于广东省的上榜数量,说明城市的创业竞争力与当地的经济文化水平存在较大关联性。而在东部各省中,又属山东、江苏和广东表现最为突出,这三个省份的上榜城市数量都超过10个,山东更是以高达15座上榜城市的数量位列各省第一。

一、大学生创业面临的问题

目前我国大学生创业还仅仅处于起步阶段,自主创业的实际人数不多,占大学生总数的比例不大。一部分毕业生由于自主创业需要承担相当大的风险,虽然有相对较好的创业环境,但是选择自主创业的人并不多。

(一)心理准备不足

大学生社会经验不足,常常盲目乐观,没有充足的心理准备。对于创业中的挫折和失败,许多创业者感到十分痛苦茫然,甚至沮丧消沉。大家以前创业,看到的都是成功的例子,心态自然都是理想主义的。其实,成功的背后有过更多的失败。看到成功,也看到失败,这才是真正的市场,也只有这样,才能使年轻的创业者们变得更加理智。

(二)急于求成

急于求成、缺乏市场意识及商业管理经验,是影响大学生成功创业的重要因素。大学生虽然掌握了一定的书本知识,但终究缺乏必要的实践能力和经营管理经验。更由于大学生对市场、营销等缺乏足够的认识,很难一下子胜任企业经理人的角色。

(三)不切实际,过于理想化

许多大学生对创业的理解还停留在一个美妙想法与概念上。在大学生提交的相当一部分创业计划书中,许多人还试图用一个自认为很新奇的创意来吸引投资。这样的事以前在国外确实有过,但在今天已经是几乎不可能的了。现在的投资人看重的是创业计划真正的技术含量有多高,在多大程度上是不可复制的以及市场赢利的潜力有多大。而对于这些,必须有一整套细致周密的可行性论证与实施计划,决不是仅凭三言两语就能让人家掏钱的。大学生要创业,没有资金来源,通过做兼职或勤工助学也很难积累创业资金,即使一部分同学通过家里的扶持或贷款等其他渠道获得了启动资金,也可能会因为资金周转和所要承担的投资风险而使创业变得困难重重。因此,通过淘宝网等进行网上创业因为所需的启动资金少而成为大学生创业的首选,但大学生创业的形式毕竟不能仅仅局限于淘宝网。

(四)市场观念淡薄

不少大学生很乐于向投资人大谈自己的技术如何领先与独特,却很少涉及这些技术或产品究竟会有多大的市场空间。就算谈到市场话题,他们也多半只会计划花钱做做广告而已,而对于诸如目标市场定位与营销手段组合这些重要方面,则全然没有概念。其实,真正能引起投资人兴趣的并不一定是那些先进得不得了的东西,相反,那些技术含量一般却能切中市场需求的产品或服务,常常会得到投资人的青睐。同时,创业者应该有非常明确的市场营销计划,能强有力地证明赢利的可能性。

二、大学生创业风险分析

(一)创业项目选择的风险

创业是发现某种信息、资源、机会或技术,借助相应的载体,以一定的方式,转化、创造更多的财富价值,并实现某种追求或目标的过程。目前,大学生创业的项目选择多集中在高科技领域和智力服务领域,如软件开发、网络服务、家教中介、设计工作室等。此外,快餐、零售等连锁加盟店也是大学生青睐的创业项目。但是,大学生往往并不了解市场,大多是凭自己的兴趣和想象来决定投资方向,不去做大量细致的市场调研与论证,不结合自身掌握的资源状况做出决定,这将使创业过程非常艰苦甚至导致失败。

(二)创业能力不足的风险

大学生在校期间主动接受创业教育和培养,具备一定的创业知识和创业实践能力,但将创业计划付诸实践,需要独立解决现实问题时,便会感到力不从心。很多大学生感到创业中的实际能力不足,在实施中多方求助,甚至顾此失彼,严重影响到创业活动的顺利开展。有的大学生创业者眼高手低,既不了解创业的相关政策法规,也没有在相关企业的工作、实践经历,缺乏能力和经验,却对创业的期望值非常高,这样的创业无异于纸上谈兵。市场瞬息万变,时刻都有风险,防范风险只能靠自己增强本领。一方面,在校期间应有意识地参与创业实践活动,积累相关的管理和营销经验;另一方面,应积极参加创业教育培训,积累创业知识,接受专业指导,提高创业成功率。

(三)财经知识缺乏的风险

创业应具备资金、市场、人才和产品或服务等要素,融资是企业资本运动的起点,也是企业收益分配的基础。足够的资本规模可以保证企业投资的需要,合理的资本结构可以降低和规避融资风险,融资方式的妥善搭配可以降低资本成本。因此,融资机制的形成,直接决定和影响企业的经营活动以及企业财务目标的实现。除了银行贷款、自筹资金等传统方式外,还可以充分利用风险投资、创业基金等融资渠道。

(四)社会资源贫乏的风险

大学生创办企业,进行市场开拓、产品或服务宣传等工作都需要调动社会资源。大学生在校期间进行创业策划利用的社会资源相对较少,有老师、同学的帮助支持,无须太多宣传公关。当进入社会实施创业时,在宣传广告、市场营销、工商税务等方面将会遇到很多挫折和困难,耗费大量精力。

(五)经营管理上的风险

在校期间进行创业活动的大学生,虽有老师指导下的创业模拟活动的经营管理经历,创业技能相对出众,但是筹资理财、采购营销、沟通协调、经营管理等方面的实际能力尚显不足。一旦走入社会实施创业构想时,创业团队内部的经营管理将会难以组织,导致创业半途而废。

三、大学生创业风险管理

(一)注重学生的实践能力培养

要想使大学生真正实现创业,学校一定要注重培养学生的实践能力,必须将创业的理论知识转化成创业能力。创业教育重在将理论与实践相结合,所以在教育体系上应包括课堂讲授、案例教学、实习模拟、实地调研四个部分。要对学生进行创业教育,对教师在创业方面的培养必不可少,学校可以安排一些培训课程,给教师充电,了解相关的创业知识,也可以为教师提供或者由教师自己安排到企业进行实践。更重要的是,学校应该加强校企合作,定期邀请一些商界人士来给学生讲解最新的市场动态、最真实的创业经历等。

学校还可以组织创业设计大赛,以开设创业讲座等形式激发大学生的创新思维和创业兴趣。尽可能地利用校内资源,为学生提供一些可以进行创业实践的机会。高校的后勤管理工作可以适当将一部分管理内容让学生来参与,比如食堂、商店、环境卫生、校内便民服务等一些岗位,在后勤管理工作人员的指导下,让学生自主投资,自主经营,自负盈亏,使学生在这些项目中学习一些管理技能,从而丰富创业经验。

另外,学校可以尽可能联系企业,给学生提供适当的实践机会,让学生有机会真正地接触企业,明白企业运作的道理和流程,学习企业管理的知识和方法。为鼓励大学生创业,各地高校和政府也相继出台了很多对大学生创业的支持政策,如项目申请、创业资金贷款、创业培训、开业指导以及税收方面等。

在管理上,对内要通过鼓励和优惠政策充分调动学生的积极性,对外要与当地政府、区域社会广泛合作,大学要把自己创造的知识产权带给社会,为企业服务,而社会的创新型企业也是大学创业教育中活生生的教材。因此,必须通过多种方式唤醒、启发、诱导、挖掘大学生的创业潜能,鼓励大学生开拓创新,用自己的聪明才智为社会多做贡献。同时,要把培养学生的创业精神与能力摆在中心地位,教学活动始终围绕培养学生的创业精神、创新能力展开,积极帮助学生树立良好的自主创业意识,把学生培养成视野开阔、主动创新、勇于实践的复合型人才。

(二)树立大学生创业典型,激发大学生创业热情

显而易见,身边的成功案例对大学生的激励作用尤为明显。东北师范大学软件学院毕业生刘国起带领7名同学一起创建了维世软件有限公司。不到一年时间,该公司开发的软件"信息化教育平台"已经被全国20多个省市的3000余所学校使用。被誉为"中国创业第一人"的杨锦方用所学的计算机专业知识注册和创办了视美乐公司,成为成功创业的典范。不少新闻媒体对此进行了详细报道,在社会上刮起了第一次创业旋风。很多学生就是在这次报道的影响下开始关注大学生创业活动的。

(三)落实支持政策,提供必要资金,营造创业舆论氛围

各级政府要努力建立真正能够促进创业的、负责任的、高效率的学生创业管理和服务系统,制定能够快速推动学生创业工作的管理和服务机制。为支持大学生创业,国家各级政府出台了许多优惠政策,涉及融资、开业、税收、创业培训、创业指导等诸多方面。社会各界要努力营造"创业是高水平的就业"的整体氛围,为大学生创业扫清思想障碍。

很多大学生创业初期都信心百倍,创业也进行得比较顺利,但是当企业需要再进一步发展的时候,便遇到了种种不可预测的困难。这时候,缺乏社会经验和创业经验的大学生老板变得束手无策,使企业发展受到遏制甚至是停滞。因此,无论是高校还是社会各方面,都应该想想办法,怎样才能够为创业的大学生多提供一些后续的扶持工作。

案例:庄志:从摆地摊到十亿元营业额

庄志从上大学时摆地摊、卖贺卡,到开辟苏杭双向旅游路线,从经营建筑材料,直到成为市场半径涵盖全国各地的人力资源集团的创始人和掌门人。

2014年4月23日,在石湖论坛大学生创业论坛上,当庄志向大学生们讲述自己的创业故事和成就时,引来大学生们的阵阵赞叹。庄志的创业奇迹究竟是如何炼成的?让我们听听他的创业故事和创业心得。

庄志在大一时就参加了学生会,学生会组织文艺活动需要经费,部长就"逼"庄志去卖贺卡创收。庄志到苏州十全街垫钱为学生会进贺卡,第一批贺卡不好卖,当时与商店约定:卖不出去的贺卡可以退货,但庄志去退货时,店家却不承认了。贺卡卖不出、退不回,自己垫的钱可就要亏进去了,那可是他的生活费呀,庄志急了,下课后,他就带上贺卡,跑到学生宿舍,硬着头皮逐个房间兜售贺卡,很快贺卡就销售一空。

庄志在为学生会创收的活动中嗅到了商业的气息,他从一张张贺卡中仿佛看到了金

钱的色彩。他开始寻思如何利用课余时间,通过卖贺卡给自己赚点零花钱。从十全街买的贺卡每张1.5元,庄志感到有点贵,就寻找便宜贺卡货源地。通过多方打听,庄志得知常熟招商城批发贺卡,就在周末去常熟招商城进贺卡。

刚去的时候,店老板一看他是学生,给了他每张0.8元的价格。庄志得知店老板给他的价格比零售商的价格高时,就开始琢磨拿到更优惠价格的办法。通过观察,他发现,零售商去进贺卡时一般会背个马甲袋,他就效仿零售商,早晨背上马甲袋,乘长途客车赶到常熟招商城,上午一家一家地与商家谈价格,对批发商的价格逐个摸底后,下午就到他认为便宜的店铺进货。

庄志背马甲袋进贺卡这一招还真灵,背上马甲袋后,批发商也认不出他的学生身份了,加上他经常出入,商家也认识他了,购买贺卡的数量也逐步加大,庄志的贺卡进价从每张0.8元逐渐降到0.7元、0.6元,最后到平均每张0.5元左右,享受与其他零售商的同等待遇。而在学校门口摆地摊时,贺卡能卖到每张2元钱,利润颇为可观。

刚在校园门口摆摊卖贺卡时,庄志有点害羞,看到认识的同学走过来,就把头一低,等同学走过后才敢抬头。但过了一段时间,庄志就克服了心理不适。当时在校门口摆地摊的就庄志一个人,没有竞争对手,贺卡生意还不错。

因为一个人有时忙不过来,加上蹲一天往往感到腰酸背痛,庄志就雇了两名同学当帮手,两位同学负责卖贺卡,他负责收钱。但庄志还嫌慢,他要加快赚钱的速度。于是他想了一个"快速致富"的策略:自己当"代理商",在苏州各大专院校发展"零售商",让他们在所在学校销售贺卡,他们有钱可赚,自己薄利多销。

庄志在苏州近二十所大专院校张贴招商海报,很快就招到了20名"零售商",他把每张0.5元进的贺卡以0.8元的价格批发给"零售商",他们再以每张1.5元到2元的价钱卖给同学。庄志单张贺卡比零售者赚得少,但因为贺卡的销售量大,这让他的利润比任何一个零售者都要多。

在销售贺卡的过程中,庄志逐渐了解了学生的喜好,在进贺卡时,专门挑选学生喜欢的花色款型,受到学生的欢迎,销量一路看涨。在圣诞节到来的销售高峰时,一个月销售贺卡数量达到2万张。在庄志的贺卡生意最鼎盛时,全苏州市各大专院校80%的贺卡出自他的手中。

大三时,其他同学发现庄志从卖贺卡中赚了不少钱,也纷纷买进贺卡在校园售卖,他的"零售商"也大概知道了进货地点,不再从他手中买贺卡了。卖贺卡的人多了后,开始出现竞相压价的现象,逐渐演变成了价格战,让销售者的利润大为缩水,庄志见已无利可图,就主动放弃了贺卡买卖。

退出贺卡价格战后,庄志进入装饰画市场。当时苏州的装修市场和十全街、司前街等旅游景点流行装饰艺术画买卖,庄志从中发现了商机。庄志找到画廊,与画廊达成合作意向:庄志负责收集装饰画,将画卖给画廊,画廊保证按议定价收购庄志收集的画。

同画廊谈定合作模式后，庄志就开始组织货源。他将订单外包给苏州大学美术学院学生，成批地从美院学生那里购买画作，然后卖给画廊，从画廊的收购价同他支付给学生画价的价差中获得利润。

　　后来庄志又发现旅游市场潜力很大，就利用课余时间到杭州的西湖、灵隐寺等景点开发旅游路线，开发学生两城双向一日游路线，然后联系包租大巴，到大学校园张贴海报。因为成本只是一辆大巴车的租金，价格比一般旅行社的价格低许多，对没有收入的学生来说很有吸引力，所以每周六从苏州大学开往杭州师范学院的大巴常常爆满。

　　世纪之交，广告设计、企业形象识别设计在国内蔚然成风，市场方兴未艾，庄志就自学广告设计，为企业设计广告和Logo。

　　当然，创业实践活动并非一帆风顺，庄志坦言，他有过创业失败的经历，如看到别人卖袜子，自己也去卖袜子，可能是在同一地点供大于需的原因，结果没卖出多少，积压的袜子让他几年也没穿完。

　　庄志的社会实践和创业实践活动，不论成功还是失败，都锻炼了他的口才及谈判、策划、创意、营销等各方面的能力，也让他收入颇丰，成为学校有名的"小富翁"，后他被选为学生会社会实践部部长。

第五节　创业实训、实践及企业组建

一、创业实训

（一）创业实训介绍

　　创业培训对很多大学生来说已不陌生，从早期引入国内SIYB（Start and Improve Your-Business）创业培训课程到KAB（Know about Business）创业教育项目以及各高校相继开发的系列创业课程，高校大学生创业教育培训体系正朝着逐步完善，更加专业化、系统化的方向发展。创业实训模拟公司，作为创业培训的一种新型实践教学模式也逐渐走人人们的视野。

　　目前的创业实训模式主要基于模拟公司实践教学技术平台。创业实训"模拟公司"技术起源于20世纪50年代德国经济起飞初期。上世纪80年代后期，"模拟公司"在世界范围内得到迅猛发展，为促进各国"模拟公司"之间的交往，1993年11月，欧共体和德国政府资助建立了"模拟公司"网络，1997年发展成为国际性组织"欧洲模拟公司协会"，2007年，随着模拟公司实训技术在世界上42个国家和地区的广泛推广与应用，更名为"全球模拟公司联合体"。

　　创业实训"模拟公司"运作的基本方式是在"工作岗位"上学习，按照实际公司（母版公司)的组织结构和商业操作程序运行的模拟公司,从形式到经营都与传统公司一样,只有产品和货币是数字化的。其宗旨是指导学员通过组建公司、确定公司架构、分析经营环境、尝试经营业务和完成各项岗位工作任务等来提升自身的社会能力、办公能力和业务能力,体验真实商业环境和商业行为,从而增强其参与市场竞争和驾驭市场的应变能力,降低创业风险,提高开业成功率,提升经营稳定率。

2007年,人力资源和社会保障部(原劳动和社会保障部)正式引入基于模拟公司实践教学技术的创业实训项目,并在北京、天津、上海、杭州等20个城市开展试点工作。在促进"以创业带动就业"的政策背景下,越来越多的大学生选择自主创业,创业实训模式也很快被引入了大学校园。

(二)创业实训的优势

1.创业实训更加贴近全真商业环境。很多学生反映,目前高校内不少创业培训和创业课程,主要还是注重案例教学和依靠课堂教学的方式,即使安排有一定的实践环节,但深入性、持续性不够,往往流于形式。而创业实训专门设计了几十项系统性的创业任务环节,培训要求从公司注册到企业经营都与现实中的公司一样,只有产品交付、货币收支是虚拟的,其他方面更加贴近企业化的真实环境,可以说是一种全新的模拟体验。

2.创业实训满足了实践检验和经验积累的需求。社会对于高校内创业培训的效果褒贬不一,提出质疑的主要论据是高校创业培训还停留在纸上谈兵阶段。创业实训与其他类型的企业实训一样,注重实战演练,它采用了上岗、上班、上网相结合的手段,强化了市场调查、团队管理、贸易联系、参加交易会等实质性任务和实战操作环节,公司注册、资金借贷、商品采购和销售、银行账目往来也能通过网络平台来实现,实现虚拟交易的,这为获取真实经验、直接检验创业计划提供了渠道。

3.创业实训更能锻炼学生团队和个人素质。绝大部分创业课程只是依据设计和完善创业计划这样一条主线来完成的,而创业实训则是围绕商业计划和模拟公司运作两条主线同时展开的,通过商业计划引导项目和推动模拟公司运作,通过模拟公司运作检验和完善商业计划,两者相辅相成。因此,创业实训往往需要一定数量人员的模拟公司团队来完成创业计划和演练过程,从总经理到办事员,从行政部到采购部,基本按照现实公司的架构来组建,团队成员既分工又合作,共同经营创业项目。有些课程设计还安排学员轮岗来体验不同的岗位角色,锻炼不同的岗位能力。这种方式既完成了商业计划,又打造了一支创业团队,受到了学员们的高度评价。

4.创业实训满足创业培训对实践环节的要求。市场调查、沙盘演练显然无法满足有着强烈市场实践愿望的大学生,但实质性的市场操作往往会带来一定的经济活动风险。如何做到既能避免真金白银的损失,又能让学生体验到真实的失败结果,成为创业培训实践环节的最大难题,,模拟公司创业实训提供的虚拟货币支付手段成为良好的突破口,依靠网上商店、模拟公司黄页、模拟银行、模拟税务和模拟工商局等配套设施以及在网下筹办的模拟交易会等活动,为学员体验市场真实环境、获得盈亏结果提供了客观有效的实验平台。这个平台创造了真实开放的环境,实践空间和时间可以不断延伸,成熟的项目甚至可以与现实环境中的交易对接,较好地满足了培训对实践环节的要求。

5.创业实训符合高校全方位素质教育的要求。创业实训不完全是为了培养"老板",它引入的团队合作经营模式,使不同专业、不同能力水平的学生都可以找到适合自己的岗位去锻炼,真正融入了"在不同岗位创办事业"的理念。而且,模拟公司创业实训项目所涵盖的办公能力、社会能力、管理能力等50多项能力培训要点也符合对大学生职业能力训练的需要。从试点院校反应来看,绝大多数认为这种创业实训模式比"小老板班"式创业培训更加符合高校全方位、普及型创业就业素质教育的要求。

二、创业实践

(一)社会实践

大学生参加社会实践是一个较为有效的提高就业创业能力的好方法。大学生在社会实践期间,在指导老师的指导下,从事课题调研、文化宣传、信息采编、法律援助、社区服务、活动策划、帮困济贫等活动。学校还应该组织学生到企业去见习、实践,让学生早一些接触企业,了解企业的经营与管理,全面培养和提高大学生的创业技能。

(二)创新创业计划大赛

作为一项全国性的实践赛事,"挑战杯"大学生创业计划竞赛的影响力和指导作用不容小觑。各省、市、高校以"挑战杯"为目标,相继创办了一系列带有合作性质又是独立运作的赛事。这些赛事从地域上与大学生更为贴近,宣传也更为到位,因此有较高的参与度。好的项目最后能成为真正实施的项目,获得良好的经济效益和社会效益,增强了学生创业的信心和能力。

(三)创业实践基地

很多高校都利用校内资源与场所,建立了大学生创业实践基地、大学生创业工作室、虚拟创业公司等,有些学校还开办了学生超市、食堂、书报亭、家教服务中心等实体。在创业指导老师的指导下,让学生在实践中体验创业全过程,使在经营实践中提高实际的经营管理能力。

三、企业的组建

(一)企业类型及注册资金要求

1.有限责任公司。依照《公司法》设立,股东以其出资额为限对公司承担责任,公司以其全部财产对公司债务承担责任的企业法人。股东2个(含2个)以上(单位或个人都可以作股东)50个(含50个)以下,注册资本最低限额为3万。如果是1人单独出资的公司(即一人有限公司),最低注册资本要求为10万元。

2.股份有限责任公司。最低注册资本500万元,基本要求:①设立股份有限公司,应当有5人以上为发起人,其中须有过半数的发起人在中国境内有住所。国有企业改建为股份有限公司的,发起人可以少于5人,但应当采取募集设立方式。②股份有限公司发起人,必须按照法律规定认购其应认购的股份,并承担公司筹办事务。③股份有限公司的设立,必须经过国务院授权的部门或者省级人民政府批准。④股份有限公司的注册资本为在公司登记机关登记的实收股本总额。⑤股份有限公司注册资本的最低限额为人民币1000万元。股份有限公司注册资本最低限额需高于上述所定限额的,由法律、行政法规另行规定。

3.个人合伙企业。依照《合伙企业法》设立,2人(含2人)以上出资,出资多少没有要求,出资人按照合伙协议,共同出资、合伙经营、共享收益、共担风险,并对合伙企业债务承担无限连带责任的营利性组织。其不具有企业法人资格。

4.个人独资企业。依照《个人独资企业法》设立,一个人出资,出资多少没有要求,出资人以其个人财产对企业债务承担无限责任的经营实体。其不具有企业法人资格。

5.全民所有制。依照《企业法人登记管理条例》设立的企业法人组织。投资主体必须是全民单位——企业法人、社团法人、全额或差额拨款的事业法人(自收自支的事业法人不能直接办照),并须经同级国有资产管理部门批准。注册资金最少3万元。

6.集体所有制。依照《企业法人登记管理条例》设立的企业法人组织。投资主体必须是集体企业法人,注册资金最少3万元。

7.个体工商户。依照《城乡个体工商户暂行条例》设立,一个人出资,出资多少没有要求,出资人承担无限责任的经营实体。其不具有企业法人资格。

(二)公司注册的步骤

关于公司注册,2018年的公司注册新政策带来诸多变化,手续进一步得以简化,也更加快捷。

1.核名。在工商局领取《企业(字号)名称预先核准申请表》,填写拟成立的公司名称,由工商局在工商局内部网上检索是否有重名,没有重名的,工商局会核发一张《企业(字号)名称预先核准通知书》。自己提前多准备几个名字,因为现在注册公司的时候,名字特别容易重复。

2.租房。到写字楼租办公室,也可以使用自有的厂房或者办公室。

3.编写公司章程。一般工商局网站都有公司章程的模板,下载下来进行修改或者请专业的律师修改或起草。公司的所有股东要在章程上签字。

4.到工商局现场办理营业执照。办理时,需准备好以下材料:①公司设立申请书;②公司章程;③董事法人监事任免书;④总经理任免书;⑤全体股东法人身份证原件;⑥名称预先核准通知书。

①②③④项内容都可以在当地工商局网站上下载。

5. 刻章。凭营业执照法人身份证到专业刻章店刻印公章、财务章,正规的章是到公安分局备案过有刻章卡的。

6. 办代码证。凭营业执照、法人身份证、公章到市场监督管理局办理企业组织机构代码证。

7. 税务登记。凭营业执照和组织机构代码证、法人身份证、公章到所在区的国税或地税分局办理税务登记证。

8. 去银行开立公司验资户。带上公司章程、工商局发的核名通知、法人代表的私章、身份证、用于验资的钱、空白询征函表格,到银行去开立公司账户,告知银行是开验资户。

9. 转户。到开验资户银行凭公司全套资料把验资户转成基本户。

或许,你的脑海中有一个价值一百万的想法,但是从来没有机会实践。由于该想法不会带来实际的反馈,它可能在实践前就完全沦为泡影。

这个问题使得很多有潜力的企业家在创建商业公司之前就半路夭折。幸运的是,你可以在开始采取行动前来验证你的想法。

在你投入大量的时间、金钱以及其他资源之前,下面是21个可以验证创业想法的问题:

1. 你正在解决什么问题?

如果你不能清楚地陈述你的产品或者服务正在解决的问题,那么你可能就不会有成功的点子。

2. 其他人是如何解决问题的?他们的方案成功或者失败的原因是什么?

你可以从前辈身上学到很多经验。

3. 你的产品或者服务有哪些优点?

你思考得越全面,那么你越可能有成功的想法。

4. 你能用清晰的语言陈述产品或者服务的主要特点吗?

如果你不能清晰地描述出你的想法的主要特点,则可能预示着你的想法不够成熟。

5. 你的想法是否已经出现在你的产品中?

如果存在相似的解决方案,那么你的方案如何变得与众不同呢?如果你不能清晰地辨别服务或者产品的优点,那么你可能需要一个新的想法了。

6. 谁是你的潜在竞争者?

有竞争者并不是一件坏事——这意味着存在市场。然而,你需要知道你将要面对的是什么:现在市场供求如此不平衡,你很难将产品推广到一个拥有主要品牌的市场中。

7. 我的产品或者服务是否有着其他品牌难以复制的主要特点?

在你做生意之前,你要清楚自己的产品与其他产品的不同。

8. 你有创业的不同资源吗?

当你创业的时候,你需要根据你的想法的大小来估算你所需要的时间以及金钱。如果你没有所需的东西,那么你最好等时机成熟的时候再来创业。

9.在创业过程中,你有导师指导你吗?

当然,如果实在没有条件,你可以自己创业。但是,当你开始创业的时候,其他人的意见可以避免不必要的错误。

10.你能叫出从你的产品或者服务中受益的人的名字吗?

这是市场研究的初步——有人真正在使用你的想法吗?一个笼统的人口调查并不能说明什么,所以你需要好好分析下你的目标购买者。

12.购买你的产品或者服务的市场有多大?

如果你不知道你的市场的大小,那么你需要做很多研究。你需要明白认同并需要你的想法的人的数目,并且他们愿意购买你的产品。这会帮助你判断自己的想法是否可行。

13.你是否有目标购买者的反馈信息?

在投资前得到反馈信息将会帮助你避免提供没有市场需求的产品或者服务。

14.你能否创建一个登录页面来使得感兴趣的客户注册信息?

这是一种检验产品或者服务的简便方式。如果很多人感兴趣,那么就表明你步入正轨了。

15.要想生产一个可行的产品,你需要做什么?

很多企业家常常出现的错误是他们不假思索地实施想法。在实施想法前,你需要考虑到方方面面。

16.从你的目标市场中,你能获得付费的客户吗?

预购是客户承诺的标志。客户的消费是潜在成功的标志。

17.你能产生真正属于自己的产品吗?

在实施想法前,你需要知道谁会生产出第一个产品或者服务以及它们是否在你的预算之内。

18.你有伙伴衡量你的商业吗?

一旦开始有固定客户,那么你需要增加产出来满足需求。你有达到此目标的途径吗?

19.盈利需要做什么?

一些想法需要一些预付的投资,然而其他的想法则不需要。如果你需要投资,那么当你等待产品生产出来的时候,你可以来处理你的财务。

20.投资者在你的想法中如何盈利?

如果你想使你的生意合作伙伴同你一起成长,那么你必须知道他们是如何盈利的。

21.你做过SWOT分析吗?

SWOT分析框架可以帮助你了解你的想法的优势、劣势、机遇以及威胁,并且为成功的可能性提供更好的想法。

　　要回答这些问题需要时间,但是一旦你回答了,你应该就会知道你的想法是否可行。如果你的想法经受住了考验,那么实施它吧!如果你的想法还不够成熟,那么请三思而后行。你的下一个想法可能会改变世界哦。

参考文献

REFERENCES

[1]陈子建.大学生职业发展与就业指导[M].南京:南京大学出版社,2009.

[2]耿保荃.大学生就业指导[M].南京:东南大学出版社,2007.

[3]胡伟国.大学生职业生涯发展指导[M].杭州:浙江大学出版社,2010.

[4]焦金雷.大学生就业与创业指导[M].西安:西安交通大学出版社,2014.

[5]赖晓桦.大学生就业与就业指导[M].大连:大连理工大学出版社,2008.

[6]罗晓燕.梦想起航——大学生职业生涯规划与就业指导[M].北京:北京航空航天大学出版社,2013.

[7]彭立新.梦想起航——大学生创业教育[M].北京:北京航空航天大学出版社,2014.

[8]彭贤.大学生职业生涯规划活动教程[M].北京:清华大学出版社,2010.

[9]沈坤荣.自主创新与经济增长[M].南京:南京大学出版社,2013.

[10]陶德胜.大学生职业规划与就业指导教程[M].上海:上海交通大学出版社,2011.

[11]王科文.大学全程就业指导[M].南京:南京大学出版社,2009.

[12]王兆明.走进创意世界[M].北京:高等教育出版社,2011.

[13]谢小翠.高职毕业生就业指导[M].杭州:浙江大学出版社,2007.

[14]许岚枫.面试,你的价值在哪里[M].天津:天津古籍出版社,2009.

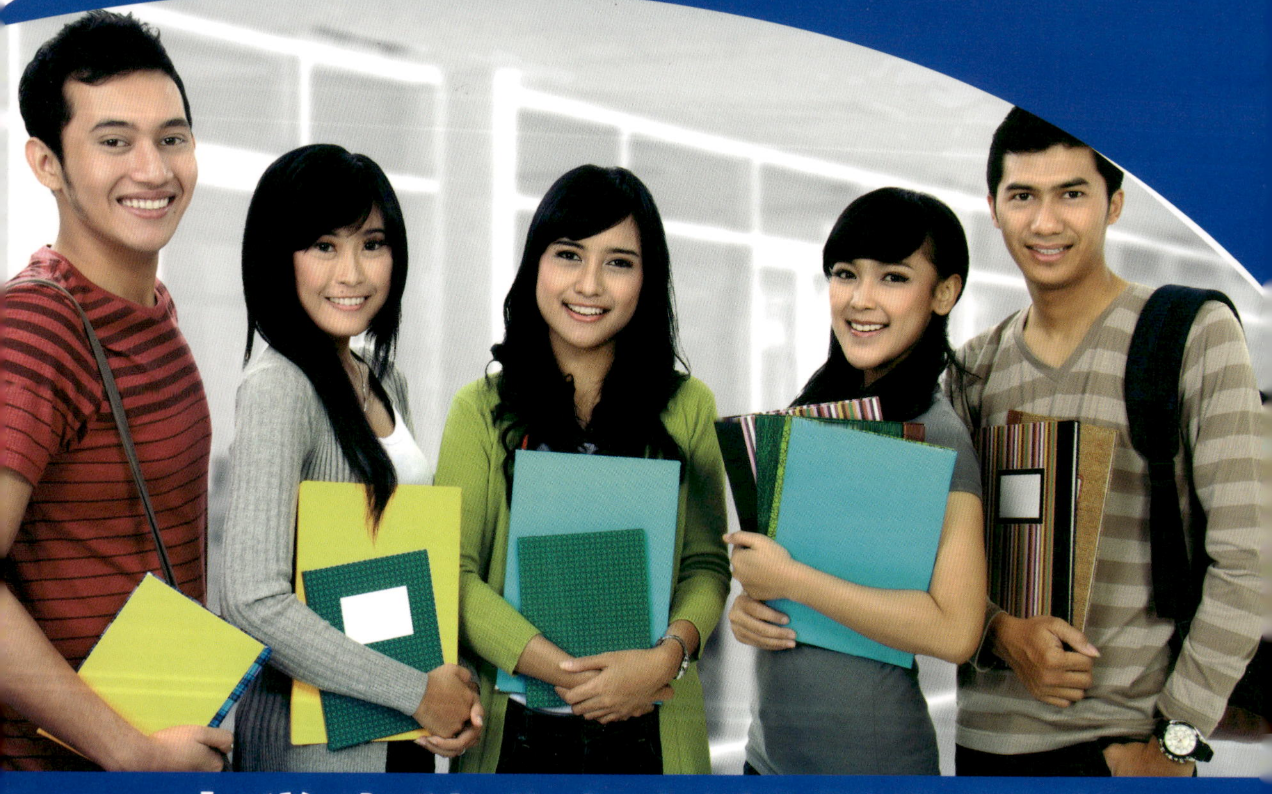

大学生就业与创新创业研究

DAXUESHENG JIUYE YU CHUANGXIN CHUANGYE YANJIU

定价：54.00 元